En Glad Gut, Fortælling

Bjørnstjerne Bjørnson, Jan Bloch

BJØRNSTJERNE BJØRNSON

———

EN GLAD GUT

FORTÆLLING

TIENDE OPLAG

GYLDENDALSKE BOGHANDEL

NORDISK FORLAG

KJØBENHAVN OG KRISTIANIA

1904

FR. BAGGES BOGTRYKKERI
KJØBENHAVN

FØRSTE KAPITEL.

Øyvind hed han og gråt, da han blev født. Men alt da han sad oprejst på moderens fang, lo han, og når de tændte lys på om kvælden, lo han, så det sang, men gråt, da han ikke fik komme bort til det. »Af den gutten må der bli noget rart,« sagde moderen.

Der, hvor han blev født, hang det bare berg ud-over, men det var ikke højt; furu og birk så ned, hæg-gen strødde blomster på taget. Men oppe på taget gik en liden buk, som Øyvind åtte; den skulde gå der for ikke at tulle sig væk, og Øyvind bar løv og græs op til den. En vakker dag hoppede bukken over og bort i berget; den gik ende op og kom did, den aldrig havde været før. Øyvind så ikke bukken, da han kom ud efter non, og tænkte straks på ræven. Han blev hed over hele kroppen, så sig om og lyede: »Kille-kille-kille-killebukken!« — »Bæ-æ-æ-æ!« sa' bukken oppe på bergkanten, lagde hodet på skakke og så ned.

Men ved siden af bukken lå en liden jente på

_____

Tulle sig væk ɔ: forvilde sig. Ende ɔ: lige. Non ɔ: midaften.

knæ. »Er det din, den bukken?« spurte hun. Øyvind stod med åben mund og øjne, stak begge hænder i den kjolebuksen, han bar. »Hvem er du?« spurte han. — »Jeg er Marit, mor sin unge, felen til far, huldra i huset, datterdatter til Ola Nordistuen på Hejdegårdene, fire år til høsten, to dage efter frost-nætterne, jeg!« — »Er du det, du!« sa' han og drog pusten, for han havde ikke turdet slippe den, så længe hun talte.

»Er den din, den bukken?« spurte jenten op igjen. — »Ja-ha,« sa han og så op. — »Jeg har fåt sådan lyst på den bukken; — du vil ikke gi mig den?« — »Nej, det vil jeg ikke.«

Hun lå og spændte med benene og så ned på ham, og da sagde hun: »End når du får en smør-kringle for bukken, kan jeg så få den?« Øyvind var af fattigfolk; han havde spist smørkringle bare én gang i sit liv; det var, da bestefar kom did, og sligt havde han aldrig spist hverken før eller siden. Han så op på jenten; »lad mig få se den kringlen først,« sa' han. Hun var ikke sen på det, viste en stor kringle frem, som hun holdt i hånden; »her er den!« sagde hun og kastede den ned. »Au, den gik i stykker,« sa' gutten, han samlede hver bid op med omhu; den aller-mindste måtte han smage på, og den var så god, at han måtte smage på én til, og før han selv vidste af det, havde han spist op hele kringlen.

»Nu er bukken min,« sa' jenten. Gutten stan-sede med den siste bid i munden, jenten lå og lo, buk-ken stod ved siden, hvid i brystet, brunsort i ragget, og så ned på skakke.

»Kunde du ikke vente så længe?« bad gutten; hjærtet begyndte at klappe i ham. Da lo jenten endnu mere, skyndte sig op på knæ. »Nej, bukken er min, den,« sagde hun og slog armene om halsen på den,

---

Spænde ɔ: sparke. Rag ɔ: hår (grovt, stridt).

løste et strømpebånd og bandt omkring. Øyvind så på. Hun rejste sig og begyndte at drage i bukken; den vilde ikke gå med og tøjede halsen nedover mod Øyvind. »Bæ-æ-æ-æ!« sa' den. Men hun tog i ragget med den ene hånd, drog i båndet med den andre og sagde vakkert: »Kom du, bukken, så skal du få gå i stuen og spise af mor sine fad og mit forklæde,« og så sang hun:

> Kom bukken til gutten,
> kom kalven til mor,
> kom mjauende katten
> i snehvide skor,
> kom ællinger gule,
> kom frem ifra skjule',
> kom kyllinger små,
> som neppe kan gå,
> kom duerne mine
> med fjærene fine!
> Se, græsset er vådt,
> men solen gjør godt,
> og tidlig, tidlig er det på sommer'n,
> men rop på høsten, så kommer'n!

*

Der stod gutten.

Bukken havde han stellet med siden i vinter, den blev født, og aldrig havde han tænkt sig, at den kunde mistes; men nu var det gjort på en liden stund, og han skulde ikke se den mere.

Moderen kom trallende op fra fjøren med kopper, som hun havde skuret; hun så gutten sidde og gråte med benene under sig i græsset og gik bort til

---

Tøje ɔ: strække. Stelle ɔ: sysle. Fjøre ɔ: strandbred. Kop ɔ: trækar, bøtte.

ham. »Hvad gråter du for?« — »Å, bukken, buk-
ken!« — »Ja, hvor er bukken?« spurte moderen, hun
så op på taget. — »Den kommer aldrig mere igjen,«
sa' gutten. — »Kjære, hvordan skulde d e t gå til?«
— Han vilde ikke straks tilstå det. »Har ræven taget
den?« — »Ja, gud give, det var ræven!« — »Er du
på stel!« sa' moderen; »hvor er det ble't af bukken?«
— »Å, å, å, — jeg kom i skade for — — at sælge
den for en kringle!« —

Just i det samme, han sagde ordet, forstod han,
hvad det var at sælge bukken for en kringle; før havde
han ikke tænkt på det. Moderen sagde: »Hvad tror
du nu, den lille bukken tænker om dig, når du kunde
sælge den for en kringle?«

Og gutten selv tænkte på det og forstod meget
godt, at han aldrig kunde bli glad mere h e r i verden
— og ikke engang hos gud, tænkte han siden.

Så megen sorg følte han, at han lovede med sig
selv aldrig mere at gjøre noget galt, hverken at skjære
rokkesnoren eller slippe sauerne eller gå ned til sjøen
alene. Han sovnede ind, der han lå, og han drømte
om bukken, at den var kommen til himmerige; vorherre
sad med stort skjæg ligesom i katekismen, og buk-
ken stod og bed løv af et skinnende træ; men Øyvind
sad alene på taget og kunde ikke komme op.

Da stak noget vådt lige borti øret på ham, han
skvat op. »Bæ-æ-æ-æ!« sa' det, og det var bukken,
som var kommen igjen!

»Nej, er du kommen igjen!« Han sprang op, tog
begge forbenene op på den og dansede med den som
en bror; han rykkede den i skjægget, og han vilde
netop ind til mor med den, da han hørte nogen bag
sig og så jenten sidde på grønsværet lige ved siden.
Nu forstod han altsammen, han slap bukken: »Er det
dig, som er kommen med den?« Hun sad og rev græs

På stel ɔ: fra samlingen. Sau ɔ: får. Skvætte ɔ: fare op i skræk.

op med hånden og sagde: »Jeg fik ikke lov at beholde den; bestefar sidder deroppe og venter.« Mens gutten stod og så på hende, hørte han en skarp stemme oppe fra vejen rope: »Nå!« Da huskede hun, hvad hun skulde gjøre; hun rejste sig og gik bort til Øyvind, stak den ene muldede hånd i en af hans, så bort og sagde: »Om forladelse.« Men så var også hendes mod forbi, hun kastede sig ned over bukken og gråt.

»Jeg mener, du får beholde bukken, jeg,« sagde Øyvind og så væk.

»Skynd dig nu!« sagde bestefar oppi bakken. Og Marit rejste sig, og hun gik med dragende ben opefter. »Du glemmer nok strømpebåndet dit,« ropte Øyvind efter hende. Da vendte hun sig og så først på båndet og siden på ham. Endelig fattede hun en stor beslutning og sagde med tykt mål: »Det kan du beholde.« Han gik bort til hende og tog hende i hånden: »Tak skal du ha!« sa' han. — »Å, ikke noget at takke for,« svarede hun, drog et uhyre langt suk og gik videre.

Han satte sig ned igjen i græsset, bukken gik ved siden af ham, men han var ikke længer så glad i den som før.

ANDET KAPITEL.

Bukken gik bunden ved stuevæggen; men Øyvind gik og så op over berget. Moderen kom ud til ham og sad hos ham; han vilde høre eventyr om det, som var langt borte, ti nu var ikke bukken længer nok. Så fik han høre om, at engang kunde alting tale; berget talte til bækken og bækken til elven og elven til havet og havet til himmelen; men så spurte han, om ikke himmelen talte til nogen, og himmelen talte til skyerne,

men skyerne til trærne, men trærne til græsset, men
græsset til fluerne, men fluerne til dyrene, men dyrene
til børnene, men børnene til de voksne; og således gik
det endnu videre, til det gik rundt, og ingen vidste,
hvem som begyndte. Øyvind så på berget, trærne,
sjøen, himlen og havde i grunden aldrig set dem før.
Katten kom ud i det samme og lagde sig på hellen
i solskinnet. »Hvad siger katten?« spurte Øyvind og
pegte. Moderen sang:

Solen skinner vakkert om kvælden,
katten ligger doven ud på hellen.
»To små mus,
fløde af et krus,
fire stykker fisk
stjal jeg bag en disk
og er så god og mæt
og er så doven og træt,«
siger katten.

Men hanen med alle hønsene kom. »Hvad siger
hanen?« spurte Øyvind og slog hænderne sammen.
Moderen sang:

Kyllinghønen vingerne sænker,
hanen står på ét ben og tænker.
»Den grå gås
styrer høj nok kås;
men se til, om den kan
nå en hane i forstand!
Ind, ind, høner under tag,
solen kan gjærne få lov for idag,«
siger hanen.

Men to små fugle sad og sang oppe på mønen.
»Hvad siger fuglene?« spurte Øyvind og lo.

Helle ɔ: stenflise. Møne ɔ: mønning.

»Herre gud, det er godt at leve
for den, som slipper at stræve,«
siger fuglene.

Og han fik høre, hvad altsammen sagde lige ned
til myren, som krøb gjennem mosen, og ormen, som
pikkede i barken.

Samme sommer begyndte moderen at lære ham at
læse. Bøgerne havde han ejet længe og tænkt meget
på, hvorledes det skulde gå til, når også de begyndte
at tale. Nu blev bogstaverne til dyr, fugle og alt, som
til var; men snart begyndte de at gå sammen, to og
to; a stod og hvilte under et træ, som hed b, så kom
c og gjorde det samme; men da de kom sammen tre
og fire, var det, som de blev sinte på hverandre; det
vilde ikke rigtig gå. Og jo længre udover han kom,
des mere glemte han, hvad de var; længst huskede
han på a, som han holdt mest af; den var et lidet,
sort lam og var venner med alle; men snart glemte
han også a, bogen havde intet eventyr, men bare
lekser.

Så var det en dag, moderen kom ind og sagde
til ham: »Imorgen begynder skolen igjen, da skal du
følge mig op til gården.« Øyvind havde hørt, at sko-
len var et sted, hvor mange gutter legede, og det havde
han ingenting imod. Han var meget fornøjet; på går-
den havde han været ofte, men ikke, når der var skole,
og han gik fortere end moderen op over bakkerne,
for han længtede. De kom op til livørestuen, en for-
færdelig sur som af kværnhuset hjemme stod imod dem,
og han spurte moderen, hvad det var. »Det er ung-
dommen, som læser,« svarede hun, og han blev meget
glad, for sådan var det også, han havde læst, før han
kjendte bogstaver. Da han kom ind, sad der så mange
barn omkring et bord, at der ikke var flere i kirken;

Sint ɔ: vred. Livørestue ɔ: stue, indrettet for aftægtsfolkene.

andre sad på sine nistekopper langs væggene, nogle stod i små hobe omkring en tabel; skolemesteren, en gammel, gråhåret mand, sad på en krak nede ved gruen og stoppede sin pibe. Da Øyvind og moderen trådte ind, så de alle op, og kværnhus-surret stansede, som når de dæmmede i renden. Alle så de på de indtrædende, moderen hilste på skolemesteren, som hilste igjen.

»Her kommer jeg med en liden gut, som vil lære at læse,« sagde moderen. »Hvad heder den kroppen?« spurte skolemesteren og grov ned i skindposen efter tobak.

»Øyvind,« sagde moderen; »han kan bogstaverne, og han kan lægge sammen.« — »Å, nej da,« sagde skolemesteren, »kom hid, du hvidhode!« Øyvind gik bort til ham, skolemesteren fik ham på fanget og tog huen af ham. »For en vakker liden gut!« sagde han og strøg ham i håret; Øyvind så ham op i øjnene og lo. »Er det ad mig, du ler?« han rynkede brynene. »Ja, det er det,« svarede Øyvind og skratlo. Da lo også skolemesteren, moderen lo, børnene skjønnede også, de fik lov at le, og så lo de allesammen.

Dermed var Øyvind kommen ind på skolen.

Da han skulde sætte sig, vilde de alle gjøre plads for ham; han så sig også længe om; de hviskede og pegte; han drejede sig omkring til alle kanter med huen i hånden og bogen under armen. »Nu, hvad blir det så til?« spurte skolemesteren, han holdt atter på med piben. Idet gutten skal vende sig mod skolemesteren, ser han tæt ved siden af ham nede ved gruestenen og siddende på en liden rødmalet løp Marit med de mange navne; hun havde gjemt ansigtet bag begge hænder og sad og gløttede hen til ham. »Her vil jeg

---

Nistekop ɔ: madkar. Krak ɔ: stol uden ryg. Grue ɔ: arnested, skorsten. Løp ɔ: madæske. Gløtte ɔ: kige.

sidde!« sagde Øyvind rask, tog en løp og satte sig
ved siden. Nu løftede hun lidt den armen, som vendte
imod ham, og så på ham under albuen; straks dæk-
kede også han sit ansigt med begge hænder og så
på hende under albuen. Slig sad de og skabte sig
til, indtil hun lo, så lo også han, ungerne havde set
det og lo med; da skar det ind med frygtelig stærk
stemme, men som blev mildere efter hvert: »Stille,
troldunger, småtøj, spilleværk! — stille og vær snille
mod mig, sukkergriser!« — Det var skolemesteren,
som havde for vis at fyge op, men bli god igjen, før
han endte. Straks blev det roligt i skolen, indtil peber-
kværnene atter begyndte at gå, de læste højt hver i
sin bog, de fineste diskanter spillede op, de grovere
stemmer trommede højere og højere for at ha al over-
vægten, og en og anden haukede ind imellem; Øyvind
havde i sine levedage ikke havt slig moro.

»Er det slig her bestandig?« hviskede han til
Marit. »Ja, slig er det,« sagde hun.

Senere hen måtte de frem til skolemesteren og
læse; en liden gut blev dernæst sat til at læse med
dem, og så fik de slippe og skulde gå hen og sidde
rolige igjen.

»Nu har jeg også fåt en buk,« sagde hun. —
»Har du?« — »Ja, men den er ikke så vakker som
din.« — »Hvorfor er du ikke oftere kommet op på
berget?« — »Bestefar er ræd, jeg skal falde udfor.«
— »Men det er ikke så højt.« — »Bestefar vil ikke
alligevel.«

»Mor kan så mange viser,« sagde han. — —
»Du kan tro, bestefar også kan.« — »Ja, men han
kan ikke om det, som mor kan.« — »Bestefar kan om
en dans, han. — Vil du høre den?« — »Ja, gjærne
det.« — »Men så må du komme længre hid, at ikke
skolemesteren skal mærke det.« Han flyttede sig, og

Efter hvert ɔ: efterhånden. Snil ɔ: artig. Hauke ɔ: huje.

så sagde hun frem en liden visestump fire-fem gange,
så gutten lærte den, og det var det første, han
lærte på skolen.

>Dans,« ropte felen
og skratted på strængen,
så lensmandsdrengen
sprat op og sa': »Ho!«
»Stans!« ropte Ola,
slog bena unda'n,
så lensmand' dat af'n,
og jenterne lo.

»Hop!« sa'n Erik
og spændte i taget,
så bjælkerne braged,
og væggene skreg.
»Stop!« sa'n Elling
og tog ham i kragen
og holdt ham mod dagen;
»du er nok for veg!«

»Hej!« sa'n Rasmus,
tog Randi om live';
»skynd dig at give
den kyssen, du ved!«
»Nej!« svarte Rändi,
en ørfik hun gav ham
og sled sig ifra ham;
»der har du besked!«

»Op, unger!« ropte skolemesteren; »idag er det
første dagen, så skal I slippe tidlig; men først må vi
holde bøn og synge.« Der blev et leven i skolen, de
hoppede af bænkene, sprang over gulvet, snakkede i

Dætte (dat) ɔ: falde, dratte.

munden på hverandre. »Stille fantunger, skarvunger,
fjorunger! — stille og gå vakkert over gulvet, små-
barn!« sagde skolemesteren, og de gik rolige hen og
stillede sig op, hvorefter skolemesteren gik foran dem
og holdt en kort bøn. Siden sang de; skolemesteren
begyndte med stærk bas, alle børnene stod med fol-
dede hænder og sang med, Øyvind stod nederst ved
døren sammen med Margit og så på; de foldede også
hænderne, men de kunde ikke synge.

Dette var den første dag i skolen.

TREDJE KAPITEL.

Øyvind vokste til og blev en rask gut; i skolen
var han blandt de første, og hjemme var han duelig i
arbejde. Det kom deraf, at hjemme holdt han af mo-
deren, og i skolen af skolemesteren; faderen så han
lidet til, ti enten lå han på fiske, eller han passede
deres kværn, hvor den halve bygd malte.

Det, som i disse år havde mest virkning på hans
sind, var skolemesterens historie, som moderen fortalte
ham en kvæld, de sad ved åren. Den gik ned i hans
bøger, den lagde sig under hvert ord, skolemesteren
sagde, og smøg omkring i skolen, når der var stilt.
Den gav ham lydighed og ærbødighed og ligesom et
lettere nemme for alt, der blev lært. Den historie var
sådan:

Baard hed skolemesteren og havde en broder, som
hed Anders. De holdt meget af hverandre, lod sig
begge hverve, levede i byen sammen, var med i kri-
gen, hvor de begge blev korporaler og stod ved samme
kompagni. Da de efter krigen kom hjem igjen, syn-

Fant ɔ: landstryger. Skarvunge omtr. = ravneunge. Åre ɔ: arne.

tes alle, det var to staute karer. Så dør deres far; han havde meget løst gods, der var vanskeligt at bytte, og derfor sagde de til hverandre, at de heller ikke denne gang skulde bli uforligte, men sætte godset til auktion, at hver kunde kjøbe det, han vilde, og dele udbyttet. Som sagt, så gjort. Men faderen havde ejet et stort guldur, som var vidt spurt; ti det var det eneste guldur, folk på den kant havde set, og da dette ur blev opropt, vilde mange rige mænd ha det, indtil også begge brødrene begyndte at byde; da gav de andre sig. Nu ventede Baard af Anders, at han skulde lade ham få uret, og Anders ventede det samme af Baard; de bød hver sin gang for at prøve hverandre og så over til hverandre, mens de bød. Da uret var kommet op i 20 daler, syntes Baard, det ikke var vakkert gjort af broderen, og bød på, til det blev henimod 30; da Anders endnu ikke gav sig, syntes Baard, at Anders ikke huskede, hvor god han ofte havde været med ham, endvidere, at han var den ældste, og uret kom over 30 daler. Anders fulgte endnu med. Da satte Baard uret op i 40 daler med én gang og så ikke længer på broderen; der var meget stilt i auktionsværelset, kun lensmanden nævnte rolig prisen. Anders tænkte, der han stod, at havde Baard råd til at gi 40 daler, havde også han, og undte ikke Baard ham uret, fik han vel ta det; han bød over. Dette syntes Baard var den største skam, som nogensinde var hændt ham; han bød 50 daler og ganske sagte. Meget folk stod omkring, og Anders tænkte, at således kunde ikke broderen håne ham i alles påhør, og bød over. Da lo Baard; »100 daler og mit brorskab på kjøbet,« sagde han, vendte sig og gik ud af stuen. En stund efter kom en ud til ham, mens han holdt på at sadle den hest, han nys før havde kjøbt. »Uret er dit,« sagde manden; »Anders gav sig.« I samme stund Baard fik høre dette, for der som en anger igjennem ham, han tænkte på broderen og ikke på uret. Sadlen

var lagt på, men han stansede med hånden på heste-
ryggen, uvis, om han skulde ride. Da kom meget folk
ud, Anders imellem dem, og så snart han fik se bro-
deren stå borte ved den sadlede hest, vidste han ikke,
hvad Baard nu stod og tænkte på, men skreg over til
ham: »Tak for uret, Baard! Du skal ikke se det gå
den dag, at bror din skal træde dig i hælene!« —
»Heller ikke den dag, jeg rider til gårds igjen!« sva-
rede Baard bleg i ansigtet og svang sig tilhest. Det
hus, hvori de havde bod sammen med faderen, be-
trådte ingen af dem mere.

Kort tid efter giftede Anders sig ind på en hus-
mandsplads, men bad ikke Baard til bryllups; Baard
var heller ikke i kirken. Første år, Anders var gift,
blev den eneste ko, han ejede, funden død bortom den
nordre stuevæg, hvor den gik i tjor, og ingen skjønnede,
hvad den var død af. Flere uheld lagde sig til, og det
gik tilagters for ham; men værst blev det, da hans
låve midt på vinteren brændte og alt, som i den var;
ingen vidste, hvorledes ilden var opkommen. »Dette
har en gjort, som vil mig ondt,« sagde Anders, og han
gråt den natten. Han blev en fattig mand, og han
mistede hugen til arbejde.

Da stod Baard næste kvæld i hans stue. Anders
lå på sengen, da han trådte ind, men sprang op. »Hvad
vil du her?« spurte han, men taug og blev stående
ufravendt seende på broderen. Baard ventede lidt, før
han svarede: »Jeg vil byde dig hjælp, Anders; du
har det ikke godt.« — »Jeg har det, som du har undt
mig det, Baard! Gå, eller jeg ved ikke, om jeg kan
styre mig.« — »Du tar fejl, Anders; jeg angrer —«
— »Gå, Baard, eller gud nåde både dig og mig!« Baard
gik et par skridt tilbage; med dirrende stemme spurte
han: »Vil du ha uret, skal du få det!« — »Gå, Baard!«
skreg den anden, og Baard vilde ikke vente, men gik.

Tjor ɔ: tøjr. Låve ɔ: lade.
Bjørnson: En glad gut.   2

Men med Baard var det gåt sådan til. Så snart
han hørte, at broderen led ondt, tøede hjærtet op,
men stoltheden holdt igjen. Han fik trang til at søge
kirken, og der tog han gode forsætter, men han or-
kede dem ikke frem. Ofte kom han så langt, at han
kunde se huset, men snart kom en ud af døren, snart var
der en fremmed, så stod Anders ude og huggede ved,
så der var altid noget i vejen. Men en søndag ud på
vinteren var han atter i kirke, og da var Anders der også.
Baard så ham, han var blevet bleg og mager, de samme
klæder bar han som før, da de var sammen, men nu var
de gamle og lappede. Under prækenen så han op på
præsten, og Baard syntes, han var god og blid, huskede
deres barneår, og hvilken god gut han var. Baard selv
gik til alters den dagen, og han gjorde sin gud det høj-
tidelige løfte, at han skulde forlige sig med sin bror,
der måtte komme, hvad der vilde. Dette forsæt gik
gjennem hans sjæl, i det samme han drak vinen, og da
han rejste sig, vilde han gå lige bort til ham og sætte
sig hos ham; men der sad nogen i vejen, og broderen
så ikke op. Efter prækenen var der også noget i vejen;
der var for mange folk, konen gik ved siden af ham, og
hende kjendte han ikke; han tænkte, det var best at gå
hjem til ham selv og tale alvorligt med ham. Da kvæl-
den kom, gjorde han det. Han gik lige hen til stuedøren
og lyttede; men da hørte han sit navn nævne; det var
af konen. »Han gik til alters idag,« sagde hun; »han
tænkte vist på dig.« — »Nej, han tænkte ikke på mig,«
sagde Anders; »jeg kjender ham; han tænker kun på
sig selv.«

Der blev længe ikke sagt noget; Baard svedede, der
han stod, skjønt det var en kold kvæld. Konen derinde
arbejdede med en gryde, det knitrede og bragede på
gruen, et lidet spædbarn gråt engang imellem, og An-
ders vuggede. Da sagde hun disse par ord: »Jeg
tror, I begge tænker på hverandre uden at ville være

ved det.« — »Lad os tale om noget andet,« svarede Anders. En stund efter rejste han sig, han vilde gå mod døren. Baard måtte gjemme sig i vedskjulet; netop did kom også Anders for at ta et fang ved. Baard stod i krogen og så ham tydelig; han havde lagt sine dårlige kisteklæder og gik i den uniform, han havde ført hjem med fra krigen, magen til Baards, og som han havde lovet broderen aldrig at røre, men lade gå i arv, ligesom denne igjen havde lovet ham det samme. Anders's var nu lappet og udslidt, hans stærke, velvoksne krop lå som i en bundt af filler, og på samme tid hørte Baard gulduret pikke i sin egen lomme. Anders gik didhen, hvor risveden lå; i stedet for straks at bøje sig ned og læsse på sig stansede han, hældede sig bagover mod en vedstabel og så ud mod himlen, der var tindrende klar med stjærner. Da drog han et suk og sagde: »Ja — ja — ja; — herre gud, herre gud!«

Så længe Baard levede, hørte han siden dette. Han vilde træde frem imod ham, men i det samme kræmtede broderen, og det faldt så hårdt; mere skulde der ikke til for at stanse ham. Anders tog sit fang ved, strøg så tæt forbi Baard med det, at kvisterne slog ham i ansigtet, så det sved.

Endnu vel i ti minuter stod han stille på den samme plet, og uvist var det, når han var gåt, dersom han ikke ovenpå den stærke rørelse var tagen af en sådan frysning, at han skalv al igjennem. Da gik han ud; han erkjendte åbent for sig selv, at han var for fejg til at gå ind, derfor havde han nu lagt en anden plan. Af en askekop, som stod i den krog, han netop forlod, tog han nogle kulstykker til sig, fandt sig en tyrispik, gik op på låven, lukkede efter sig og slog ild. Da han havde fåt spiken tændt, lyste han op efter den nab, hvorpå Anders hængte sin lygte, når

---

Filler ɔ: pjalter. Kræmte ɔ: rømme sig. Askekop ɔ: askebøtte, Tyrispik ɔ: splint af fedt, harpiksholdigt træ. Nab ɔ: knage.

han om morgenen tidlig kom for at tærske. Baard tog sit guldur op og hængte det fra sig på nabben, slukkede så sin spik og gik, og da var han så lettet, at han sprang henover sneen som en ung gut.

Dagen efter hørte han, at låven var nedbrændt samme nat. Ventelig havde gnister faldt ned af den spik, som skulde lyse ham, mens han hængte fra sig uret.

Dette overvældede ham således, at han den dag blev siddende som en syg, tog sin salmebog frem og sang, så folk i huset trodde, her var noget galt på færde. Men om kvælden gik han ud; det var stærkt måneskin, han gik til broderens plads, gravede efter i brandtomten — og fandt ganske rigtig en liden, sammensmeltet guldklump; det var uret.

Med den i næven var det, han gik ind til broderen hin kvæld, bad om fred og vilde forklare sig. Men før er fortalt, hvordan det da gik.

En liden jente havde set ham grave i brandtomten, nogle gutter, som gik til dans, havde foregående søndagskvæld set ham gå nedover mod pladsen, folkene i huset forklarede om, hvor underlig han var mandag, og da nu alle vidste, at han og broderen var bitre uvenner, blev det meldt, og forhør optaget.

Ingen kunde bevise ham noget, men mistanken sad på ham; han kunde nu mindre end nogensinde nærme sig broderen.

Anders havde tænkt på Baard, da låven brændte, men ingen sagt det. Da han kvælden efter så ham bleg og forunderlig træde ind i sin stue, tænkte han straks: nu har angeren slåt ham, men for sådan forfærdelig gjærning mod sin bror får han ikke tilgivelse. Siden hørte han om, at folk havde set ham gå ned til husene samme kvæld, det brændte, og skjønt intet blev oplyst ved forhøret, trodde han urokkelig, at Baard var gjærningsmanden. De mødte hinanden ved forhøret, Baard i sine gode klæder, Anders i sine lappede ; Baard så hen til ham, da han steg ind, og øjnene bad, så Anders kjendte det langt ind. Han vil ikke, jeg skal sige noget, tænkte Anders, og da han blev spurt, om han trodde broderen til hin gjærning, sagde han højt og bestemt : »Nej«.

Men Anders slog sig stærkt på drikken fra den dag, og det gik meget dårligt med ham. Endnu dårligere var det dog med Baard, skjønt han ikke drak ; han var ikke til at kjende igjen.

Så kommer sent en kvæld en fattig kone ind i det lille kammer, Baard bodde til leje i, og bad ham følge med ud lidt. Han kjendte hende, det var broderens kone. Baard forstod straks, hvad ærend hun førte, blev ligbleg, klædte på sig og fulgte uden at tale et ord. Det lyste ud fra Anders's vindu med svagt skin, det blinkede og lukkede sig, og de gik efter lyset ; ti der førte ingen sti over sneen. Da Baard atter stod i svalen, slog der en underlig lugt imod ham, hvoraf han fik ondt. De gik ind. Et lidet barn sad borti gruen og spiste kul, var sort over alt ansigt, men så op og lo med hvide tænder ; det var broderens barn. Men borti sengen med alle slags klæder over sig lå Anders, afmagret, med klar, høj pande, og så hult på broderen. Baard skalv i knærne, han satte sig ned ved sengfoden og brast i en ualmindelig stærk gråd. Den syge så på ham uafbrudt og taug. Endelig bad han konen gå ud, men Baard vinkede, hun skulde bli, — og nu begyndte disse to brødre at tale sammen. De forklarede sig lige fra den dag, de bød på uret, og ud igjennem til den, da de mødtes her. Baard sluttede med at ta guldklumpen frem, som han altid bar hos sig, og åbenbart blev det nu mellem brødrene, at de i alle disse år ikke én dag havde følt sig lykkelige.

Anders sagde ikke stort, for han var ikke god til ; men ved sengen blev Baard siddende, så længe Anders var syg. »Nu er jeg fuldkommen frisk,« sagde Anders en morgen, han vågnede ; »nu, bror min, skal vi leve længe sammen og aldrig gå fra hverandre, ligesom i gamle dage.« Men den dag døde han.

Konen og barnet tog Baard til sig, og de havde det godt fra den tid. Men hvad brødrene havde samtalet om ved sengen, det sprængte ud gjennem væggene og natten, blev bekjendt for alt folk i bygden, og Baard blev den mest agtede mand imellem dem. Alle hilste på ham som på en, der har havt stor sorg og atter fundet glæde, eller som på en, der meget længe har været borte. Baard blev stærk af sind ved denne venlighed omkring sig, han blev gudhengiven — og vilde bestille noget, sagde han, og så gav den gamle korporal sig til at være skolemester. Hvad han indprentede børnene både først og sist, var kjærlighed, og selv øvede han den, så ungerne holdt af ham som af en legekammerat og far på én gang.

Se, denne historie var det, som gik om den gamle skolemester og i Øyvinds sind fik en sådan vækst, at den blev ham både religion og opdrager. Skolemesteren var bleven ham en næsten overnaturlig mand, skjønt han sad der så omgjængelig og småskjændte. Ikke at kunne hver en lekse til ham var umuligt, og fik han et smil eller et håndstrøg over håret efter at ha læst den op, da var han glad og varm for en hel dag.

Størst indtryk på børnene gjorde det altid, når skolemesteren før sangen somme tider holdt en liden tale til dem og i det mindste én gang hver uge læste op nogle vers for dem, som handlede om at elske sin næste. Når han læste det første af disse vers, skalv han i stemmen, skjønt han vel nu havde læst det i 20—30 år; det lød:

> Elsk din næste, du kristen-sjæl,
> træd ham ikke med jærnskoet hæl,
> ligger han end i støvet!
> Alt, som lever, er underlagt
> kjærlighedens gjenskabermagt,
> bliver den bare prøvet.

Men når så det hele·digt var sagt, og han havde
ståt lidt efter, så han på dem og plirede med øjnene:
»Op, måstrold, og gå vakkert hjem uden støj, — gå
vakkert, at jeg må høre bare vel om eder, smårollinger!«
Mens de da støjede som værst for at finde sine bøger
og madkopper, skreg han gjennem larmen: »Kom igjen
imorgen, straks det blir lyst, eller jeg skal ta og myge
jer! — Kom igjen i betimelig tid, småjenter og små-
gutter, så skal vi være flittige!«

FJERDE KAPITEL.

Om hans videre opvækst til et år før konfirma-
tionen er ikke stort at melde. Han læste om morge-
nen, arbejdede om dagen og legede om kvælden.

Da han havde et ualmindelig muntert sind, varede
det ikke længe, før den nærmeste ungdom i fristun-
derne gjærne fandtes der, hvor han var. Der løb en
stor bakke nedover til bugten foran pladsen langs ber-
get på den ene side og skogen på den andre, som før
meldt, og den hele vinter var her hver godvejrskvæld
og søndag kjælkebakke for bygdens agende ungdom.
Øyvind var mester i bakken, ejede to kjælker, »Skarp-
tråveren« og »Skabejstet«; den siste lånte han ud til
større følger, den første styrede han selv og havde
Marit i fanget.

Det første, Øyvind i den tid gjorde, når han våg-
nede, var at se ud, om det var tøvejr, og så han, at det
hang gråt over buskene på hin side bugten, eller hørte
han, det dryppede af taget, da gik det så sent med på-
klædningen, som om der intet var at udrette den dag.
Men vågnede han, og helst en søndag, til knitrende
kulde og klarvejr, de beste klæder og intet arbejde,
bare overhøring eller kirkegang om formiddagen og så

hele eftermiddagen og kvælden fri, — hej! da stod gutten med et byks ud af sengen, klædte sig som til ildebrand og kunde næsten intet spise. Så snart eftermiddagen var der, og den første gut kom stående på sine ski langs vejkanten, svingede skistaven over hodet og ropte, så det gjaldede i åsene omkring vandet, og så en efter vejen på kjælke, og nok en, nok en, — da gutten afsted med »Skarptråveren«, sprang hele bakken og stansede op imellem de sistkomne med en lang skingrende hauking, der lo langs bugten fra ås til ås og døde først langt borte.

Han så da gjærne efter Marit; men var hun først kommen, brydde han sig heller ikke mere om hende.

Men så kom der en jul, da gutten såvel som jenten kunde være såpas som i sit 17de år og skulde begge konfirmeres til våren. Fjerde dag jul stod et stort lag på den øvre af Hejdegårdene hos Marits besteforældre, hos hvem hun var opdragen, og som havde lovet hende dette lag nu på tredje året, men endelig den helg måtte ud med det. Hid blev Øyvind indbuden.

Det var en halvklar, ikke kold kvæld, ingen stjærner såes, dagen efter måtte der komme regn. Der gik en noget døsig vind over sneen, som var afføgen hist og her på de hvide Hejemarker, andre steder havde den lagt skavl. Langs efter vejen, hvor ikke netop sneen lå, var der holke, og den lå blåsort imellem sneen og den bare mark og blinkede stykkevis bortover, så langt en kunde se. Langs fjældene havde der gåt fonner; efter dem var der mørkt og tomt, men på begge sider af deres leje lyst og sneklædt, undtagen hvor birkeskogen stak sig sammen og gjorde sort. Vand var ikke at se, men halvnøgne moer og myrer lå op under fjældene, sønderrevne og tunge. Gårdene lå i svære klynger midt på fladen; de så i vinterkvældens mørke ud som

---

Helg ɔ: højtid. Skavl ɔ: snedrive. Holke ɔ: glathed (af is). Fonn ɔ: sneskred. Mo og myr ɔ: sandslette og mose.

sorte klumper, hvorfra lys skar ud over marken, snart
fra ét vindu, snart fra et andet; det syntes på lysene,
at man havde det travelt inde. Ungdommen, den
voksne og halvvoksne, flokkede sig sammen fra forskjel-
lige kanter; de færreste gik vejen, eller forlod den i
alle fald, når de kom nær gårdene, og listede sig da frem,
en bag fjøset, et par under stabburet, nogle for længe
bag låven og skreg som ræve, andre svarede langt borte
som katte, en stod bag ildhuset og gjødde som en gam-
mel, sint hund, for hvem kvinten var brusten, indtil
der skede almindelig jagt. Jenterne kom dragende i
store flokker, havde nogle gutter, helst smågutter, med
sig, som slogs omkring dem langs vejene for at synes
karer. Når en sådan jenteflok kom tilgårds, og en eller
anden af de voksne gutter fik se dem, skilte jenterne
sig, fløj ind i gangene eller ned i haven og måtte dra-
ges frem og ind, én for én. Somme var så rent undselige,
at der måtte gå bud efter Marit, hun kom da ud og stiv-
nødede dem. Somme tider kom der også en, som op-
rindelig ikke var buden, og hvis hensigt det slet ikke
var at gå ind, men bare se på, indtil det blev så, at
hun blot skulde ta en eneste dans. De, som nu Marit
likte godt, bad hun ind til selve kårfolkene i et lidet
kammer, hvor gamlen sad og røgte, og bestemor gik
omkring; de blev da skjænkede og vel tiltalte. Øyvind
var ikke blandt dem, og dette faldt ham noget under-
ligt.

Bygdens gode spillemand kunde ikke komme før
senere, så de indtil da måtte hjælpe sig med den gamle,
en husmand, som de kaldte Grå-Knut. Han kunde fire
danse, nemlig to springere, en halling og en gammel,
såkaldt Napoleonsvals; men lidt efter lidt havde han
måttet gjøre hallingen om til skotsk ved at forandre
takten, og en springdans måtte på samme måde bli til
polka mazurka. Han spillede nu op, og dansen be-

Fjøs ɔ: kvægstald. Kårfolk ɔ: aftægtsfolk.

gyndte. Øyvind turde ikke gå med straks, ti her var
for mange voksne; men de halvvoksne slog sig snart
sammen, puffede hverandre frem, drak lidt stærkt øl
til hjælp, og da kom også Øyvind med; hedt blev der
i stuen, lystigheden og øllet steg dem til hodet. Marit
var mest på gulvet den kvæld, ventelig fordi laget stod
hos hendes besteforældre, og dette gjorde, at også
Øyvind så ofte til hende; men altid dansede hun med
andre. Han vilde gjærne selv danse med hende, der-
for sad han over en dans for at kunne springe bort
til hende, straks den sluttede, og det gjorde han, men
en høj, sortsmudsket kar med stærkt hår kaster sig
foran ham. »Væk, unge!« ropte han og puffede til
Øyvind, så han nær var faldt baglængs over Marit.
Aldrig var noget sådant hændt ham, aldrig havde
folk været andet end snille med ham, aldrig var han
blevet kaldt »unge«, når han vilde være med; han
blev blussende rød, men sagde intet og trak sig tilbage
did, hvor den nye spillemand netop var kommen og sad
og stemte op. Der var stilt inde imellem flokken, man
ventede på at høre de første, stærke toner af »ham
selv«; han prøvede og stemte, det varede længe, men
endelig hug han i med en springer, gutterne skreg
og kastede sig, par for par, svingende ind i kredsen.
Øyvind ser på Marit, der hun danser med den stærk-
hårede mand; hun lo over mandens skuldre, så de hvide
tænder vistes, og Øyvind kjendte en forunderlig stik-
kende smerte i brystet, første gang i sit liv.

Han så længer og længer på hende, men hvorledes
han end så, forekom det ham, at Marit var ganske
voksen; det kan ikke være så, tænkte han, ti hun er
jo med i kjælkebakkerne endnu. Men voksen var hun
dog, og den stærkhårede mand drog hende efter endt
dans ned på fanget; hun sled sig løs, men blev dog
siddende ved siden.

Øyvind ser på manden; han havde fine blå klædes-
klær, blåtærnet skjorte og silketørklæde, et lidet an-

sigt havde han, blå stærke øjne, leende, trodsig mund, han var vakker. Øyvind så mere og mere, så endelig også på sig selv; han havde fåt nye bukser til jul, som han var meget glad i, men nu så han, det var bare gråt vadmel; trøjen var af samme slags, men gammel og mørk, vesten af rudet hvergarn, også gammel og med to blanke og en sort knap. Han så omkring sig og syntes, meget få var så dårlig klædt som han. Marit havde sort livkjole af fint tøj, sølje i halstørklædet og et sammenlagt silketørklæde i hånden. Over bag-hodet havde hun en liden, sort silkehue, som var fæstet med store randede silkebånd under hagen. Hun var rød og hvid, lo, manden talte med hende og lo; det spillede atter op, og de skulde atter danse. En kamme-rat kom og satte sig ved siden af ham. »Hvorfor danser du ikke, Øyvind?« sagde han blidt. — »Å nej,« sagde Øyvind; »jeg ser ikke sådan ud.« — »Ser ikke sådan ud?« spurte kammeraten; men før han kunde komme videre, sagde Øyvind: »Hvem er han i de blå klædesklærne, som danser med Marit?« — »Det er Jon Hatlen, han, som længe har været borte på en agronomskole og nu skal ta gården.« — I det samme satte Marit og Jon sig. »Hvem er den gutten med det lyse håret, som sidder der bortved spilleman-den og glor på mig?« spurte Jon. Da lo Marit og sagde: »Det er husmandsgutten på Pladsen.«

Øyvind havde jo altid vidst, han var husmands-gut; men før nu havde han aldrig følt det. Han kjendte sig ligesom så liden i kroppen, kortere end alle andre; for at holde sig oppe måtte han forsøge at tænke på alt det, som hidtil havde gjort ham glad og stolt, lige fra kjælkebakken til de enkelte ord. Da han også tænkte på sin far og mor, der sad hjemme og trodde, at han nu havde det godt, syntes han næsten ikke at kunne holde gråden. Omkring ham lo og spøgte allesammen, felen ljomede lige ind i øret på ham, der

Ljome ɔ: lyde (stærkt, brusende).

var et øjeblik, hvor der ligesom steg noget sort op, men så huskede han skolen med alle kammerater og skolemesteren, som klappede ham, og præsten, som ved siste eksamen havde givet ham en bog og sagt, han var en dygtig gut; faderen havde selv siddet og hørt på og smilt bortover til ham. »Vær nu snil, du Øyvind,« syntes han skolemesteren sige, idet han blev taget på fanget, som da han var liden. »Herre gud, det er så lidet værdt altsammen, og i grunden er alle mennesker snille; det ser bare ud, som de ikke er det. Vi to skal bli dygtige, Øyvind, ligeså dygtige som Jon Hatlen; skal nok få gode klæder og danse med Marit i en lys stue, hundre mennesker, smile og tale sammen, to brudefolk, præsten, og jeg i koret, som ler over til dig, og mor i huset, og stor gård, tyve kjør, tre hester og Marit god og snil som på skolen — —«

Dansen holdt op, Øyvind så Marit foran sig på bænken og Jon ved siden med ansigtet tæt op til hendes; en stor, stikkende smerte kom igjen i brystet, og det var, som om han sagde til sig selv: det er jo sandt, jeg har ondt.

I det samme rejste Marit sig, og hun kom bent over til ham. Hun bøjede sig ned over ham. »Du skal ikke sidde sådan og nidstirre på mig,« sagde hun; »du kan skjønne, folk lægger mærke til det; tag dig nu nogen og dans med.«

Han svarede ikke, men så på hende og kunde ikke for det: øjnene løb fulde. Hun havde allerede lettet sig for at gå, da hun så det og stansede; hun blev med én gang ildrød, vendte sig om og gik til sin plads; men der vendte hun sig igjen og satte sig et andet sted. Jon gik straks efter.

Han rejste sig fra bænken, gik ud mellem folket, ud på gården, satte sig inde i en sval og vidste så ikke, hvad han skulde der, rejste sig, men satte sig

Nidstirre ɔ: stirre i et væk.

igjen, ti han kunde jo ligeså godt sidde der som
et andet sted. At gå hjem brydde han sig ikke om,
gå ind igjen heller ikke; det var ham det samme. Han
var ikke i stand til at samle noget af, hvad der var
foregåt; han vilde ikke tænke på det; fremover vilde
han heller ikke tænke; ti der var intet, som han læng-
tes til.

Men hvad er det også, jeg tænker på? spurte han
halvhøjt sig selv, og da han havde hørt sin egen stemme,
tænkte han: tale kan du endnu, kan du le? og han
prøvede på: jo, han kunde le, og så lo han, højt, endnu
højere, og da syntes han, det var kosteligt, at han
sad der og lo ganske alene, — og lo. Men Hans, den
kammerat, som havde siddet ved siden af ham, kom
ud efter ham. »I guds navn, hvad ler du ad?« spurte
han og stansede foran svalen. Da holdt Øyvind op.

Hans blev stående, som han ventede, hvad der
videre vilde ske; Øyvind rejste sig, så sig forsigtig om,
og da sagde han sagte: »Nu skal jeg sige dig, Hans,
hvorfor jeg har været så glad før; det har været, fordi
jeg ikke rigtig har holdt af nogen; men fra den dag,
vi holder af nogen, er vi ikke længer glade,« og han
brast i gråd.

»Øyvind!« hviskede det ude på gården; »Øyvind!«
Han stansede og lyttede; »Øyvind,« sagde det én gang
til, lidt stærkere. Det måtte være den, han tænkte.
»Ja,« svarede han, også hviskende, tørrede sig rask af
og trådte frem. Da kom et kvindfolk stille over går-
den. — »Er du der!« spurte hun. — »Ja,« svarede
han og stod. — »Hvem er hos dig?« — »Det er Hans.«
— Men Hans vilde gå; »nej, nej!« bad Øyvind. Hun
kom nu tæt hen til dem, men langsomt, og det var
Marit. »Du kom så snart bort,« sagde hun til Øyvind.
Han vidste ikke, hvad han hertil skulde svare. Der-
ved blev også hun forlegen; de taug alle tre. Men
Hans listede sig væk så småt efterhånden. De to stod
igjen, så ikke på hverandre, men rørte sig heller ikke.

Da sagde hun hviskende: »Jeg har i hele kvæld gåt med noget julegodt i lommen til dig, Øyvind; men jeg har ikke kunnet gi dig det før.« Hun trak op nogle æbler, en skive af en bykage og en liden pæglflaske, som hun stak til ham og sagde, han kunde beholde.

Øyvind tog det; »tak,« sagde han og gav hånden frem; hendes var varm, han slap den straks, som havde han brændt sig. — »Du har danset meget i kvæld.« — »Jeg har så,« svarede hun; »men d u har ikke danset stort,« lagde hun til. — »Jeg har ikke det,« svarede han. — »Hvorfor har du ikke det?« — »Å —«

»Øyvind!« — »Ja.« — »Hvorfor sad du og så sådan på mig!« — »Å —«

»Marit!« — »Ja.« — »Hvorfor likte du ikke, at jeg så på dig?« — »Der var så mange folk.«

»Du dansede meget med Jon Hatlen i kvæld.« — »Å, ja.« — »Han danser godt.« — »Synes du?« — »Synes ikke du?« — »Å, jo.«

»Jeg ved ikke, hvorledes det er, men i kvæld tåler jeg ikke, at du danser med ham, Marit!« han vendte sig bort; det havde kostet ham at sige det. — »Jeg forstår dig ikke, Øyvind.« — »Jeg forstår det heller ikke selv; det er så dumt af mig. Farvel, Marit, nu vil jeg gå.« Han gjorde et skridt uden at se sig om. Da sagde hun efter ham: »Det er fejlt, det, du har set, Øyvind.« — Han stansede: »At du alt er voksen jente, er ikke fejl set.« — Han kom ikke med det, hun havde tænkt, derfor taug hun; men under dette ser hun lysning af en pibe ret foran sig; det var hendes bestefar, som netop havde drejet om hjørnet og kom forbi. Han stansede: »Er det her, du er, Marit?« — »Ja.« — »Hvem taler du med?« — »Øyvind.« — »H v e m, sagde du?« — »Øyvind Pladsen.« — »Å, husmandsgutten på Pladsen; — kom straks og følg med ind.«

FEMTE KAPITEL.

Da Øyvind den følgende morgen slog øjnene op, var det fra en lang kvægende søvn og lykkelige drømme. Marit havde ligget på berget og kastet løv ned på ham, han havde taget imod og kastet op igjen; det var gåt op og ned i tusen farver og figurer; solen stod på, og hele berget glimrede opunder. Idet han vågnede, så han sig om for at finde alt igjen; da huskede han gårsdagen, og den samme stikkende, såre smerte i brystet begyndte straks. Denne blir jeg nok aldrig mere kvit, tænkte han og følte en slaphed, som faldt hele fremtiden fra ham.

»Nu har du sovet længe,« sagde moderen, hun sad ved siden og spandt. »Op nu og spis; din far er alt i skogen og fælder ved.« — Det var, som denne stemme hjalp ham; han stod op med lidt mere mod. Moderen huskede nok sin egen dansetid; ti hun sad og trallede ved rokken, mens han klædte sig og spiste; derfor måtte han rejse sig fra bordet og gå til vinduet; den samme tyngsel og ulyst lagde sig over ham, han måtte ta sig sammen og tænke på arbejde. Vejret var slåt om, der var kommen lidt kulde i luften, så det, der igår truede med at falde som regn, faldt idag som våd sne. Han tog på sig snesokker, en lådden hue, sjømandstrøje og votter, sagde farvel og gik med øksen på nakken.

Sneen faldt langsomt i store våde duske; han strævede opover kjælkebakken for til venstre at bøje ind i skogen; aldrig, vinter eller sommer, var han før gåt kjælkebakkerne uden at huske noget, som gjorde ham glad, eller som han længtes til. Nu var det en død, tung vej, han gled i den våde sne, knærne var stive enten af dansen igår eller af ulyst; nu følte han, det var forbi med kjælkebakkerne for iår, og dermed for bestandig. Noget andet længtes han til, der han

---

Sår ɔ: bitter, smertelig. Votter ɔ: vanter.

gik ind mellem stammerne, hvor sneen faldt tyst; en
skræmt rype skreg og flaksede et par favne borte, og
ellers stod alting, som ventede det på et ord, der aldrig
blev sagt. Men hvad det var, han stundede efter, vidste
han ikke tydelig, kun var det ikke hjem, heller ikke
bort, ikke til lystighed, ikke til arbejde; det var noget
højt tilvejrs, lige op som en sang. Lidt efter samlede
dette sig i et bestemt ønske, det var at bli konfirmeret
til våren og ved den lejlighed at være nummer én.
Brystet bankede, mens han tænkte derpå, og førend
han endnu kunde høre faderens øks i de skjælvende
småtrær, havde dette ønske stærkere slag i ham end
noget, siden han blev født.

Faderen sagde som sædvanlig ikke stort til ham;
de huggede begge to og drog sammen i hauger. De
kunde en og anden gang mødes, og ved et sådant
møde lod Øyvind tungsindig falde: »En husmand
må slide meget ondt.« — »Han som andre,« sagde
faderen, spyttede i næven og tog øksen. Da træet
var fældet, og faderen drog det op i vælten, sagde
Øyvind: »Var du gårdmand, slæbte du ikke så.« —
»Å, da var der vel andre ting, som tyngede,« han tog
i med begge hænder. Moderen kom op med middags-
mad til dem; de satte sig. Moderen var munter, hun
sad og trallede og slog fødderne sammen efter takten.
»Hvad skal du ta dig for, når du blir stor, Øyvind?«
sagde hun pludselig. — »For en husmandsgut er der
ikke mange veje,« svarede han. — »Skolemesteren
siger, du må på seminariet,« sagde hun. — »Kommer
en frit did?« spurte Øyvind. — »Skolekassen betaler,«
svarede faderen, han spiste. — »Har du lyst til det?«
spurte moderen. — »Jeg har lyst til at lære noget,
men ikke til at bli skolemester.« — De taug alle tre
en stund; hun trallede igjen og så ud for sig. Men
Øyvind gik bort og satte sig for sig selv.

»Vi behøver just ikke at låne af skolekassen,« sagde

Flakse ɔ: flagre. Haug ɔ: hob. Vælte ɔ: dynge.

hun, da gutten var gåt. Manden så på hende: »Fattigfolk som vi?« — »Jeg liker ikke, Tore, du bestandig gir dig ud for fattig, når du ikke er det.« — De skottede begge ned efter gutten, om han ikke kunde høre det. Derefter så faderen hvast på konen: »Du snakker, som du har vettet til.« Hun lo; »det er ligesom ikke at takke gud for, at det er gåt os vel,« sagde hun og blev alvorlig. — »Han kan vel takkes uden med sølvknapper på,« mente faderen. — »Ja, men ved at la' Øyvind gå som igår til dansen takkes han heller ikke.« — »Øyvind er husmandsgut.« — »Derfor kan han klædes skikkelig, når vi har råd til det.« — »Snak om det, så han selv hører det!« — »Han hører det ikke; ellers kunde jeg nok ha lyst til det,« sagde hun og så tappert på manden, som var mørk og lagde skeen bort for at ta sin pibe. »Slig ussel plads, som vi har,« sagde han. — »Jeg må le ad dig, som altid taler om pladsen; hvorfor nævner du aldrig kværnene?« »Å, du og de kværnene; jeg tror, du tåler ikke høre dem gå.« — »Jo, gud ske lov og tak; bare de vilde gå både nat og dag.« — »Nu har de ståt siden før jul.« — »Folk maler da ikke om juledagene.« — »De maler, når der er vand; men siden de fik kværn ved Nystrømmen, går det skrøbelig.«

»Han sagde ikke så, skolemesteren, idag.« — »Jeg skal la en tausere kar styre med vore penger end skolemesteren.« — »Ja, han burde sist tale med din egen kone.« — Tore svarede ikke herpå, han havde netop fåt ild på piben, hældede sig nu op til en risbundt og flyede med blikket først for konen, siden for sønnen og heftede det ved et gammelt kråkerede, som hang halvkvælvt bortpå en furugren.

Øyvind sad for sig selv med fremtiden foran sig som en lang, blank is, hvorefter han for første gang lod det stå strygende afsted fra den ene strand til den anden. At fattigdommen stængte til alle sider, følte han, men derfor gik også al hans tanke ud på at komme

Bjørnson: En glad gut.   3

den forbi. Fra Marit havde den vistnok skilt ham for bestandig, hende betragtede han halvt som bortlovet til Jon Hatlen; men al hans tanke stod til at kapløbe med ham og hende hele livet bortover. Ikke oftere at bli puffet som igår, derfor holde sig borte, til han var noget, og så med den almægtige guds hjælp bli noget, det tænkte han på, og det faldt ikke en tvil i hans sjæl om, at det vilde lykkes. Han havde en dunkel følelse af, at gjennem læsning vilde det gå best; hvad mål den skulde bane, måtte han senere selv tænke på.

Det blev kjælkeføre om kvælden, børnene kom på bakken, men ikke Øyvind. Ved åren sad han og læste, og han havde ikke et øjeblik at spilde. Børnene ventede længe, tilsist blev en og anden utålmodig, kom op, lagde ansigtet til ruden og ropte ind; men han lod, som han ikke hørte. Der kom flere, og kvæld efter kvæld; de gik udenfor i stor forundring; men han vendte ryggen til og læste, kjæmpede trolig for at samle mening. Senere hørte han, at Marit heller ikke kom. Han læste med en flid, som selv faderen måtte sige gik for vidt. Han blev alvorlig; ansigtet, der havde været så rundt og blødt, blev magrere, skarpere, øjet hårdere, sjælden sang han, aldrig legede han, det var, som tiden ikke slog til. Når fristelsen kom på ham, var det, som nogen hviskede: »siden, siden!« og bestandig: »siden.« — Børnene rendte, ropte og lo en stund som før, men da de ikke kunde kalde ham ud til sig hverken med sin egen agende lystighed eller sine rop ind med ansigtet på ruden, blev de efterhånden borte; de fandt andre legepladse, og snart stod bakken tom.

Men skolemesteren mærkede snart, det var ikke den gamle Øyvind, der læste, fordi det faldt sig så, og legede, fordi det var nødvendigt. Han talte ofte med ham, lokkede og ledte; men det vilde ikke lykkes ham at finde guttens hjærte så let som i gamle dage. Han talte også med forældrene, og ifølge samråd kom han ned en søndagskvæld sist på vinteren og sagde, da han havde siddet en stund: »Kom nu, Øyvind, så skal vi gå ud, jeg vil gjærne tale med dig.« — Øyvind tog på sig og fulgte. Det bar opover mod Hejdegårdene, samtalen gik godt, men om intet vigtigt; da de var komne nær gårdene, bøjede skolemesteren af mod en, som lå i midten, og da de kom længre frem, hørte de rop og lystighed derifra. »Hvad er her påfærde?« spurte Øyvind. — »Her er dans,« sagde skolemesteren; »skal vi ikke gå ind?« — »Nej.« — »Vil du ikke gå med på en dans, gut?« — »Nej, ikke endnu.« — »Ikke endnu? Når da?« — Han svarede ikke. — »Hvad mener du med: endnu?« — Da gutten ikke svarede, sagde skolemesteren: »Kom nu, ikke slig snak.« — »Nej, jeg går ikke!« — Han var meget bestemt og dertil bevæget. »At din egen skolemester skal stå her og bede dig gå til dans!« — Der blev lang taushed. »Er der nogen derinde, som du er ræd for at se?« — »Jeg kan jo ikke vide, hvem som er der.« — »Men k u n d e der være nogen?« — Øyvind taug. Da gik skolemesteren lige bort til ham, lagde hånden på hans skulder: »Er du ræd for at se Marit?« Øyvind så ned, åndedrættet blev tungt og kort. »Sig det til mig, du Øyvind.« — Øyvind taug. — »Du er kanske skamfuld for at tilstå det, siden du ikke er konfirmeret; men sig mig det alligevel, du Øyvind, og du skal ikke angre det.« — Øyvind så op, men kunde ikke få ordet frem og gled til side med øjet. — »Du er heller ikke mere glad på det siste; holder hun mere af andre end af dig?« Øyvind taug fremdeles, skolemesteren følte sig lidt krænket og vendte sig fra ham; de gik tilbage.

Da de havde gåt et langt stykke, stansede skolemesteren så vidt, at Øyvind kom på siden af ham. »Du længes vel efter at bli konfirmeret?« sagde han. — »Ja.« — »Hvad tænker du så at ta dig for?« — »Jeg

3*

vilde gjærne ind på seminariet.« — »Og så bli skole-
mester?« — »Nej.« — »Du synes ikke, det er stort
nok?« — Øyvind taug. De gik atter et langt stykke.
»Når du har været på seminariet, hvad vil du så?«
— »Jeg har ikke rigtig tænkt på det.« — »Dersom
du havde penger, vilde du nok gjærne kjøbe dig en
gård?« — »Ja, men beholde kværnene.« — »Da er
det best, at du tar på agronomskolen.« — »Lærer
de så meget der som på seminariet?« — »Å, nej;
men de lærer, hvad de siden skal bruge.« — »Får de
nummer der også?« — »Hvorfor spør du så?« —
»Jeg vilde gjærne bli flink.« — »Det kan du vist bli
uden nummer.« — De gik atter tause, til de så Plad-
sen; der skar lys ud af stuen, berget hang sort over nu
i vinterkvælden, vandet lå nedenfor med blank, blin-
kende is, skogen stod omkring den stille bugt, men
uden sne, månen bar udover og spejlede skogen i isen.
»Her er vakkert på Pladsen,« sagde skolemesteren.
Øyvind kunde somme tider se på den med de øjne,
hvormed han så, da moderen fortalte eventyr, eller
med det syn, han havde, når han·rendte i bakken; nu
gjorde han dette: alt lå løftet og klart. — »Ja, her
er vakkert,« sagde han, men sukkede. — »Far din
har havt nok i den plads; du kunde også ha nok i
den.« — Det glade syn· af stedet var med én gang
borte. Skolemesteren stod, som han ventede svar, han
fik intet, rystede på hodet og gik med ind. Han sad
der en stund hos dem, men var mere taus end talende,
hvorved også de andre blev tause. Da han sagde
farvel, fulgte både manden og konen ham udenfor dø-
ren; det var, som de begge ventede på, at han skulde
sige noget. De blev imidlertid stående og se op i kvæl-
den. »Her er ble't så uvant stille,« sagde endelig mo-
deren, »siden børnene har flyttet bort med sin leg.«
— »I har heller ikke længer noget b a r n i huset,«
sagde skolemesteren. Moderen forstod, hvad han
mente; »Øyvind er ikke glad på det siste,« sagde hun.

— »Å, nej; den som er ærgjærrig, er ikke glad;« han så med den gamles ro op i guds stille himmel.

SJETTE KAPITEL.

Et halvt år efter, om høsten nemlig (konfirmationen var blevet udsat til da), sad hovedsognets konfirmander i præstens borgestue for at udtages; iblandt dem Øyvind Pladsen og Marit Hejdegårdene. Marit var netop kommen ned fra præsten, hvor hun havde fåt en vakker bog og megen ros; hun lo og snakkede med sine veninder til alle sider og så omkring sig mellem gutterne. Marit var fuldvoksen jente, let og fri i al sin adfærd, og gutterne såvel som jenterne vidste, at bygdens beste ungkarl, Jon Hatlen, gik på frieri til hende; hun kunde sagtens være glad, der hun sad. Nede ved døren stod nogle jenter og gutter, der ikke var slupne frem; de gråt, mens Marit og hendes veninder lo; iblandt dem var en liden gut i sin fars støvler og sin mors kirketørklæde. »Gud, å gud!« hulkede han, »jeg tør ikke gå hjem igjen.« Og dette greb dem, der endnu ikke havde været oppe, med samfølelsens magt; der blev almindelig taushed. Angsten stod dem i hals og øjne, de kunde ikke se sikkert og heller ikke svælge, hvortil de følte en bestandig trang. En sad og regnede over, hvad han kunde, og skjønt han blot nogle timer i forvejen havde fundet ud, at han kunde alt, fandt han nu lige så sikkert ud, at han kunde intet, ikke engang læse indenad. En anden lagde sammen sit synderegister, fra han var så stor, han kunde huske, til nu, han sad der, og han fandt det just ikke underligt af vorherre, om han lod ham gå tilbage. En tredje sad og tog mærke af alle udvortes ting; dersom klokken, som netop skulde slå, ikke fik slaget frem, før han kom til 20, så slap han; dersom

den, han hørte i gangen, var gårdsgutten Lars, så slap
han; dersom den store regndråbe, som arbejdede ned-
over ruden, kom så langt som til listen, så slap han.
Den siste og afgjørende prøve skulde være, om han
fik den højre fod snoet omkring den venstre, og dette
var ham aldeles umuligt. En fjerde vidste med sig selv,
at blev han bare hørt om Josef i bibelhistorien og om
dåben i forklaringen, eller om Saul, eller i hustavlen,
eller om Jesus, eller i budene, eller — han sad endnu
og prøvede, da han blev ropt ind. En femte havde
lagt en forunderlig elsk på bjergprækenen; han havde
drømt om bjergprækenen, han var viss på at bli hørt
i bjergprækenen, og han ramsede op bjergprækenen
for sig selv; han måtte gå ud ved husvæggen for
at læse over bjergprækenen, — da han blev kaldt
op for at eksamineres om de store og små pro-
feter. En sjette tænkte på præsten, som var en
velsignet mand og kjendte så godt hans far, tænkte
også på skolemesteren, som havde et så kjærligt an-
sigt, og på gud, som var så inderlig god og havde
hjulpet mange før, både Jakob og Josef, og så tænkte
han på, at mor og hans søsken sad hjemme og bad
for ham, så det vist vilde hjælpe. Den syvende sad
og slog af på alt det, han havde tænkt at bli her i ver-
den. Engang havde han tænkt at ville drive det til
konge, engang til general eller præst, nu var den tid
forbi; men lige til han kom hid, havde han dog tænkt
at ville gå tilsjøs og bli kaptejn, kanske sjørøver, og
handle sig frygtelige rigdomme til; nu slog han først
af rigdommen, så sjørøveren, så kaptejnen, styrmanden,
han stansede ved matrosen, i det højeste bådsmanden,
ja, det var muligt, han slet ikke gik tilsjøs, men tog
plads under sin fars gård. Den ottende var mere viss
i sin sag, dog ikke sikker; ti selv den flinkeste var
ikke sikker. Han tænkte på de klæder, han skulde kon-
firmeres i, hvad de skulde bruges til, hvis han ikke
slap. Men slap han, skulde han til byen og få klædes-

klær og komme hjem igjen og danse i julen til mis-
undelse for alle gutter og forbauselse for alle jenter.
Den niende regnede anderledes; han oprettede en liden
kontrabog med vorherre, hvori han på den ene side
satte som »debet« : han skal lade mig slippe frem, og
på den andre siden som »kredit« : så skal jeg aldrig
mere lyve, aldrig mere sladre, bestandig gå i kirke, lade
jenterne være og vænne mig af med at bande. Men den
tiende tænkte, at havde Ole Hansen sluppet ifjor, var
det mere end uretfærdighed, om ikke han slap iår,
som altid havde været bedre på skolen og desuden var
af bedre folk. Ved siden af ham sad den ellevte, der
droges med de rædsomste hævnplaner, i tilfælde af
at han ikke slap, enten at brænde ned skolen eller
rømme bygden og komme igjen som præstens og hele
skolekommissionens tordnende dommer, men højmodig
lade nåde gå for ret. Til en begyndelse vilde han ta
tjeneste i nabobygden hos nabopræsten og der til næste
år stå nummer 1 og svare, så hele kirken måtte undre
sig. Men den tolvte sad for sig selv under klokken med
begge hænder i lommen og så vemodig ud over forsam-
lingen. Ingen her vidste, hvad byrde han bar, hvilket
ansvar han stod i. Hjemme var der en, som vidste
det; ti han var forlovet. En stor, langbenet kongle
gik hen ad gulvet og nærmede sig hans fod; han plejede
at træde på det ækle insekt, men idag løftede han kjær-
lig foden, for at den i fred kunde gå did, den vilde.
Hans stemme var blid som en kollekt, hans øjne sagde
vedholdent, at alle mennesker var gode, hans hånd
gjorde en ydmyg bevægelse ud af lommen og op i
håret for at lægge det mere glat. Blot han kunde
smyge læmpelig igjennem dette farlige nåleøje, vilde han
nok vokse ud igjen på den andre siden, tygge tobak og
gjøre forlovelsen offentlig. Men nede på en lav skam-
mel med benene i krog op under sig sad den urolige
trettende; hans små, gnistrende øjne løb hele stuen

Kongle ɔ: edderkop. Smyge ɔ: smutte.

rundt tre gange i sekundet, og under det stærke, stride hode væltede alle de tolvs tanker·i en broget uorden, fra det mægtigste håb til den mest sønderknusende tvil, fra de ydmygste forsætter til de mest bygde-ødelæggende hævnplaner, og imidlertid havde han spist op alt det ledige kjød på sin højre tommelfinger, holdt nu på med neglene og sendte store stykker bortover gulvet.

Øyvind sad borte ved vinduet, havde været oppe og havde svaret på alt, hvorom han blev spurt; men ikke havde præsten sagt noget, ej heller skolemesteren; han havde i over et halvt år tænkt på, hvad begge vilde sige, når de fik vide, hvad han havde arbejdet, og han følte sig nu meget skuffet, tillige krænket. Der sad Marit, som for ulige mindre anstrængelse og kundskab havde fåt både opmuntring og løn; det var netop for at stå stor i hendes øjne, han havde arbejdet, og nu nådde hun leende, hvad han havde arbejdet til med så megen forsagelse. Hendes latter og spas brændte ham på sjælen; den frihed, hvormed hun bevægede sig, gjorde ham ondt. Han havde undgået omhyggelig at tale med hende siden hin kvæld; der skal gå år hen, tænkte han; men synet af hende, så glad og overlegen hun sad der, det trykkede ham til jorden, og alle hans stolte forsætter hang som vådt løv.

Han forsøgte dog lidt efter lidt at ryste af. Det kom an på, om han idag blev nummer én, og herpå ventede han. Skolemesteren plejede at bli lidt efter hos præsten for at ordne ungdommen og siden gå ned og fortælle dem udfaldet; det var jo ikke den endelige afgjørelse, men det var, hvad præsten og han foreløbig var komne overens om. Samtalen i stuen blev livligere, efterhvert som flere blev prøvede og slap; men nu begyndte de ærgjærrige at sondre sig stærkt ud fra de glade; de siste gik, så snart de havde fåt følge, for at meddele forældrene sin lykke, eller de ventede for andres skyld, som ikke var færdige; de første derimod

blev mere og mere stille, øjnene så spændte mod
døren.

Endelig var ungdommen færdig, de siste var komne
ned, og skolemesteren talte altså nu med præsten.
Øyvind så til Marit; hun var lige glad, men blev dog
siddende, — om for sin egen skyld eller andres, vidste
han ikke. Hvor vakker Marit var blevet; blændende
fin i huden var hun som ingen, han før havde set, næsen
var lidt opkastet, munden småleende. Øjnene var halv-
lukkede, når hun ikke netop så på én, men derfor kom
blikket altid med uventet magt, når det kom, — og
som hun selv vilde lægge til, at hun ikke mente noget
med det, smilede hun halvt i det samme. Håret var
heller mørkt end lyst, men det var småkruset og lå
langt frem til begge sider, så at det sammen med de
halvlukkede øjne gav noget dulgt, som man aldrig kunde
bli færdig med. Man var ikke ganske sikker på, hvem
det var, hun så efter, når hun sad for sig selv og imel-
lem flere; heller ikke, hvad hun egentlig tænkte, når
hun så vendte sig til en og talte; ti hun tog ligesom
straks tilbage, hvad hun gav. Indunder alt dette er
vel egentlig Jon Hatlen gjemt, tænkte Øyvind, men så
dog bestandig på hende.

Da kom skolemesteren. Enhver forlod sin plads
og stormede omkring ham. »Hvad nummer har jeg?«
— »End jeg?« — »End jeg, jeg?« — »Hys, opløbne
unger, intet spektakel her! — rolige, så skal I få høre
det, barn!« Han så sig langsomt om. »Du er num-
mer 2,« sagde han til en gut med blå øjne, der så bøn-
lig på ham, og gutten dansede ud af kredsen. »Du
er nummer 3,« — han slog på en rødhåret, rask liden
en, som stod og sled ham i trøjen; »du er nummer
5, du nummer 8« o. s. v. Han fik se Marit: »Du er
nummer 1 af jenterne;« hun blev blussende rød over
ansigt og hals, men forsøgte at smile. »Du nummer
12, har været doven, din knægt, og en stor skøjerfant;

Skøjerfant ɔ: landstryger.

du nummer 11, ikke bedre at vente, gutten min; du nummer 13, må læse dygtig, møde frem til overhøring, ellers går det dig galt! —« — Øyvind kunde ikke holde det ud længer; nummer 1 var vistnok ikke nævnt; men han stod den hele tid således, at skolemesteren kunde se ham. »Skolemester!« — han hørte ikke; »skolemester« — tre gange måtte han gjentage det, før det blev hørt. Endelig så skolemesteren på ham; »nummer 9 eller 10, husker ikke sikkert hvilket,« sagde han og vendte sig til en anden. »Hvem er nummer 1 da?« spurte Hans, som var Øyvinds beste ven. — »Det er ikke dig, du krushode!« sagde skolemesteren og slog ham på hånden med en papirrulle. »Hvem er det da?« spurte flere, »hvem er det, ja hvem er det?« — »Det får den vide, som har nummeret,« svarede skolemesteren strængt; han vilde ikke ha flere spørsmål. — »Gå nu vakkert hjem, barn, tak eders gud, og glæd eders forældre! Tak også eders gamle skolemester; I havde siddet der net og gnaget ben, havde ikke han været!« — De takkede ham og lo, de drog jublende afsted; ti i dette øjeblik, da de skulde hjem til forældrene, var de alle glade. Blot en var igjen, som ikke straks kunde finde sine bøger, og som, da han fandt dem, satte sig ned, som skulde han påny til at læse dem over.

Skolemesteren gik bort til ham: »Nu, Øyvind, skal du ikke gå med de andre?« — Han svarede ikke. — »Hvorfor slår du op dine bøger?« — »Jeg vil se, hvad jeg har svaret galt idag.« — »Du har vistnok ikke svaret noget galt.« — Øyvind så da på ham, tårerne stod ham i øjnene, han så ufravendt på ham, medens en efter en randt nedover, men han sagde ikke et ord. Skolemesteren satte sig foran ham: »Er du ikke glad nu, at du er sluppen frem?« — Det bævrede om munden, men han svarede ikke. »Din mor og far vil være meget glade,« sagde skolemesteren og så på ham. — Øyvind kjæmpede længe for at få et ord frem, endelig spurte han sagte og afbrudt : »Er det ..., fordi jeg ... er husmandsgut, ... at jeg står nummer 9 eller 10 ?« — »Vistnok er det derfor,« svarede skolemesteren. — »Så nytter det jo ikke mig at arbejde,« sagde han klangløst og sank sammen over alle sine drømme. Pludselig løftede han hodet, hævede den højre hånd, slog den i bordet med al sin magt, kastede sig ned på sit ansigt og brød ud i den heftigste gråd.

Skolemesteren lod ham ligge og gråte, rigtig gråte ud. Det varede længe, men skolemesteren ventede, til gråden blev barnligere. Da tog han om hans hode med begge hænder, lettede det op og så ind i det forgrædte ansigt. »Tror du, det er gud, som nu har været hos dig?« sagde han og holdt ham venlig imod sig. Øyvind hulkede endnu, men kortere, tårerne randt mere stille, men han turde ikke se på ham, som spurte, ej heller svare. — »Dette, Øyvind, har været løn som forskyldt. Du har ikke læst af kjærlighed til din kristendom og dine forældre; du har læst af forfængelighed.« — Der blev stilt i stuen mellem hver gang, skolemesteren talte, Øyvind kjendte hans blik hvile på sig, og han blev optøet og ydmyg under det. — »Med sådan vrede i dit hjærte kunde du ikke ha mødt frem for at ta pagten af din gud; kunde du vel, Øyvind ?« — »Nej,« stammede han, så godt som han formådde. — »Og stod du der med forfængelig glæde over, at du var nummer 1, stod du da ikke frem med en synd ?« — »Jo,« hviskede han og skalv om munden. — »Du holder endnu af mig, Øyvind ?« — »Ja ;« han så op for første gang. — »Så skal jeg sige dig, at det var mig, som fik dig flyttet ned ; ti jeg holder så af dig, Øyvind.« — Den anden så på ham, blinkede nogle gange, og tårerne randt tæt ned. — »Du har ikke noget imod mig derfor ?« — »Nej ;« han så fuldt og

klart op, skjønt stemmen var kvalt. — »Mit kjære
barn; jeg vil være om dig, så længe jeg lever.«

Han ventede på ham, til han fik ordne sig og samle
sine bøger, sagde så, at han vilde følge ham hjem.
De gik langsomt hjemover, i begyndelsen var Øyvind
endnu stille og kjæmpende, men lidt efter lidt vandt
han på sig selv. Han var så overtydet om, at det fore-
faldne var det beste, som nogensinde kunde ha truffet
ham, og før han kom hjem, var troen derpå bleven
så stærk, at han takkede sin gud og sagde det til
skolemesteren. »Ja, nu skal vi tænke på at nå noget
i livet,« sagde skolemesteren, »og ikke løbe efter blind-
mænd og numre. Hvad siger du om seminariet?« —
»Jo, jeg vilde gjærne did.« — »Du mener agronom-
skolen?« — »Ja.« — »Den er vistnok også den beste;
den gir andre udsigter end en skolemesterstilling!«
— »Men hvorledes skal jeg komme did? Jeg har
inderlig lyst, men ikke råd.« — »Vær flittig og brav,
så skal der nok bli råd!«

Øyvind følte sig ganske overvældet af taknem-
lighed. Han fik denne tindren for øjet, det lette ånde-
drag, den uendelige kjærlighedens ild, som bærer frem,
når man føler menneskers uventede godhed. Hele
fremtiden forestiller man sig et øjeblik som at vandre
i frisk fjældluft; man bæres mere, end man går.

Da de kom hjem, var begge forældre i stuen og
havde siddet der i stille venten, skjønt det var arbejds-
tid og travelt. Skolemesteren kom først ind. Øyvind
efter, begge smilte. »Nu?« sagde faderen, han lagde
en salmebog bort, hvori han netop havde læst »en kon-
firmands bøn.« Moderen stod ved gruen, turde ingen-
ting sige; hun lo, men hun var usikker på hånden;
hun ventede øjensynlig noget godt, men vilde ikke røbe
sig. »Jeg måtte bare følge for at glæde eder med,
at han svarede på alt, han blev spurt om, og at præsten

Grue ɔ: ildsted.

sagde, da Øyvind var gåt, at han ikke havde havt flinkere konfirmand.« — »Å, nej!« sagde moderen og blev meget bevæget. — »Det var jo bra,« sagde faderen og rømmede sig usikkert.

Efterat det havde været længe stilt, spurte moderen sagte : »Hvad nummer får han?« — »Nummer 9 eller 10,« sagde skolemesteren rolig. — Moderen så på faderen, denne først på hende, så på Øyvind; »en husmandsgut kan ikke vente mere,« sagde han. Øyvind så på ham igjen; det var, som atter noget vilde op i halsen, men han betvang sig ved i en hast at huske på kjærlige ting, den ene efter den anden, så længe til det gik ned igjen.

»Nu er det best, jeg går,« sagde skolemesteren, nikkede og vendte sig. Begge forældrene fulgte efter sædvane ud på stenhellen; her tog skolemesteren sig en skrå og sagde smilende: »Han blir nummer én alligevel; men det er ikke værdt, han får vide noget om det, før dagen kommer.« »Nej, nej,« sagde faderen og nikkede. »Nej, nej,« sagde moderen, hun nikkede også; derpå tog hun skolemesteren i hånden; »du får ha tak for alt, du gjør imod ham,« sagde hun. »Ja, du får ha tak,« sagde faderen, og skolemesteren gik, men de stod endnu længe og så efter ham.

SYVENDE KAPITEL.

Skolemesteren havde taget rigtigt øjemærke, da han bad præsten prøve, om Øyvind tålte at stå nummer én. I de tre ugers tid, som hengik indtil konfirmationen, var han hos gutten hver dag; et er, at en ung, blød sjæl kan gi efter for et indtryk, et andet er, hvad den med tro skal besidde. Mange mørke timer faldt

---

Stenhelle ɔ: stenflise.

på gutten, førend han lærte at ta sit fremtidsmål af
bedre ting end ære og trods. Ret som han sad i fuldt
arbejde, slap han lysten og arbejdet: hvortil, hvad
vinder jeg? — og så en stund efter huskede han skole-
mesteren, hans ord og hans godhed; men dette menne-
skelige middel trængte han at stige op gjennem, hver
gang han på ny faldt ned fra forståelsen af sin højere
pligt.

I de dage, man på Pladsen forberedte sig til kon-
firmationen, forberedte man sig også på hans rejse til
landbrugsskolen; ti dagen efter skulde den foregå.
Skrædder og skomager sad i stuen, moderen bagte i
kjøkkenet, faderen arbejdede på en kiste. Der taltes
meget om, hvad han vilde koste dem i to år, om, at
han ikke kunde komme hjem den første julen, kanske
heller ikke den anden, og hvor tungt det vilde være
at findes skilt så længe. Der taltes også om den kjær-
lighed, han måtte ha til sine forældre, der vilde strække
sig så langt for sit barns skyld. Øyvind sad som den,
der havde været ude og forsøgt på egen hånd, men
havde kuldsejlet og nu var taget op af kjærlige menne-
sker.

En sådan følelse gir ydmyghed, og med den kom-
mer meget andet. Da den store dag nærmede sig,
turde han kalde sig forberedt og turde se fremover
med tillidsfuld hengivenhed. Hver gang Marits billede
vilde være med, skjød han det forsigtig til side, men
kjendte smerten ved at gjøre det. Dette forsøgte han
at øve sig i, men blev dog aldrig stærkere derved,
tværtimod, det var smerten, som vokste. Derfor var
han træt den siste kvæld, da han efter en lang
selvprøvelse bad, at i dette stykke måtte vorherre
ikke prøve ham.

Skolemesteren kom, da det led på. De satte sig
ind i stuen, efter at alle havde vasket og redt sig, som
sædvanligt, aftenen før man skal gå til alters eller høj-
messe. Moderen var bevæget og faderen taus; af-

skeden lå bag morgendagens højtid, og det var uvist,
når de atter kunde sidde sammen. Skolemesteren tog
salmebøgerne frem, de holdt andagt og sang, og bag-
efter sagde han en liden bøn, sådan som ordene vilde
falde.

Disse fire mennesker sad nu sammen, til det led
langt på kvælden, og tanken drog ind til sig selv; de
skiltes da med de beste ønsker for den kommende dag,
og hvad den vilde binde. Øyvind måtte indrømme,
da han lagde sig, at aldrig havde han lagt sig så
lykkelig; i kvæld gav han nemlig dette en egen fortolk-
ning, han forstod dermed: aldrig har jeg lagt mig
så hengiven i guds vilje og så glad i den. — Marits
ansigt vilde straks frem igjen, og det siste, han endnu
sansede, var, at han lå og fristede sig selv: ikke ganske
lykkelig, ikke ganske, — og at han svarede: jo, ganske
—; men atter igjen: ikke ganske, — jo, ganske; —
nej, ikke ganske —.

Da han vågnede, huskede han dagen straks, bad
og følte sig stærk, som man gjør om morgenen. Han
havde siden i sommer ligget på lemmen for sig selv;
han stod nu op, iførte sig sine nye, smukke klæder var-
somt; ti han havde aldrig havt sådanne på før. Især
var der én rund klædestrøje, som han mange gange
måtte føle på, før han blev vant til den. Han fik op
et lidet spejl, da han havde fåt kraven på og for
fjerde gang også trak trøjen på. Da han nu så sit eget
fornøjede ansigt med det ualmindelig lyse hår omkring
ligge og le i spejlet, faldt det ham ind, at dette atter
bestemt var forfængelighed. Ja, men velklædt og ren
må da folk få være, svarede han, idet han trak ansig-
tet fra spejlet, som var det synd at se deri. — Vistnok,
men ikke fuldt så glad i sig selv for den sags skyld. —
Nej vist, men vorherre må da også like, at en synes
om at se godt ud. — Kan vel være, men han likte vel
bedre, du var det uden selv at lægge så meget mærke

Lem ɔ: loftsrum.

dertil. — Det er sandt, men se, det kommer nu af,
at alting er så nyt. — Ja, men så må du også lidt efter
lidt lægge det af. — Han greb sig i, at han snart over
dette emne, snart over hint gik og førte sådan selvprø-
vende samtale, at ikke en synd skulde falde ned på
dagen og plette den; men han vidste også, at der måtte
mere til.

Da han kom ned, sad forældrene fuldt påklædte
og ventede ham med maden. Han gik bort og tog dem
i hånden med tak for klæderne, og et »slid dem med
helsen« fik han igjen. De satte sig til bords, bad stille
og spiste. Moderen tog af bordet og bar ind nisteløpen
til kirkefærden. Faderen drog på sig trøjen, moderen
hæftede sine tørklæder, de tog sine salmebøger, låsede
huset og gik opover. Så snart de var komne op på
den øvre vej, mødte de kirkefarende folk, kjørende og
gående, konfirmander indimellem, og i et og andet
følge hvidhårede besteforældre, som endnu denne ene
gang måtte afsted.

Det var en høstdag uden solskin, som når vejret
er ved at slå over. Der gik skyer sammen og skiltes
igjen, somme tider blev der af en stor samling tyve
mindre, som jagede bortover med ordre til uvejr; men
nede på jorden var der endnu stilt, løvet hang afsjælet
og dirrede ikke engang, luften var lidt lummer; folk
bar med sig rejseplag, men brugte dem ikke. En ual-
mindelig stor skare havde samlet sig omkring den frit-
liggende kirke; men konfirmationsungdommen gik straks
ind i kirken for at bli stillet op, før gudstjenesten be-
gyndte. Da var det, at skolemesteren i blå klæder, frakke
og knæbukser, høje støvler, stivt halsbind og piben stik-
kende frem af baglommen kom nedover, nikkede og lo,
slog en på skulderen, talte et par ord til en anden om
at svare højt og tydelig og kom under alt dette ned-
over til fattigblokken, hvor Øyvind stod og svarede på

Nisteløp ɔ: madæske. Rejseplag ɔ: rejseklæde.

alle sin ven Hans's spørsmål i anledning af rejsen.
»God dag, Øyvind, vakker idag,« — han tog ham ved
trøjekraven, som vilde han tale med ham; »hør du,
tror alt godt om dig. Nu har jeg talt med præsten;
du får beholde pladsen din; gå op på nummer én og
svar tydelig!«

Øyvind så forbauset op på ham, skolemesteren nik-
kede, gutten gik nogle skridt, stod, atter nogle skridt,
stod; jo vist er det så, han har talt til præsten for mig,
og gutten gik fort opover. »Du skal jo være nummer
én alligevel,« hvisker en til ham. »Ja,« svarede Øyvind
sagte, men vidste endnu ikke rigtig, om han turde.

Opstillingen var færdig, præsten kommen, de rin-
gede sammen, og folk holdt på at strømme ind. Da
så Øyvind Marit Hejdegårdene stå lige foran sig, hun
så også på ham, men begge var så bundne af stedets
hellighed, at de turde ikke hilse. Han så blot, hun var
skinnende vakker og havde bart hår, mere så han ikke.
Øyvind, som i over et halvt år havde bygget så store
planer på at stå lige over for hende, glemte, da det
kom til stykket, både pladsen og hende, og at han
nogensinde havde tænkt på dem.

Efterat alt var endt, kom slægtninger og kjendin-
ger for at aflægge sine lykønskninger, dernæst kom hans
kammerater for at ta farvel med ham, da de havde
hørt, han skulde rejse den næste dag; så kom mange
små, som han havde aget med i bakkerne, og som han
havde hjulpet på skolen, og det var ikke frit, at de
putrede lidt ved afskeden. Sist kom skolemesteren,
tog ham og forældrene taust i hånden og gjorde tegn
til at gå; han vilde følge. De fire var atter sammen,
og det skulde nu være siste kvæld. På vejen var der
endnu mange, som tog farvel og ønskede ham til lykke,
men ellers taltes de ikke ved indbyrdes, før de sad
hjemme i stuen.

Putre ɔ: egtl. boble, om kogende vand, her om stemmens skjælven.

Skolemesteren prøvede på at holde dem ved godt mod; det var ikke mere end så, at de alle tre gruede nu, når det kom til stykket, for hele to års fravær, da de hidtil ikke havde været skilt én dag; men ingen vilde være ved det. Jo længer det led, jo mere beklemt blev Øyvind, han vilde gå ud for at komme lidt til ro.

Det var halvmørkt nu og en forunderlig susning i luften, han blev stående på stenhellen og så op. Da hørte han fra bergkanten sit eget navn nævne, ganske sagte, det var intet bedrag; ti det gjentoges to gange. Han så op og skimtede, at et kvindfolk sad på hug mellem træerne og så ned. — »Hvem er det?« spurte han. — »Jeg hører, du skal rejse,« sagde hun sagte, »så måtte jeg gå til dig og sige farvel, siden du ikke vilde komme til mig.« — »Kjære, er det dig, Marit! Jeg skal komme op til dig.« — »Nej, gjør ikke det; jeg har ventet så længe, og da måtte jeg vente endnu længer; ingen ved, hvor jeg er, og jeg må skynde mig hjem.« — »Det var snilt af dig, at du vilde komme,« sagde han. — »Jeg kunde ikke holde ud, at du skulde rejse slig, Øyvind; vi har kjendt hinanden, fra vi var små.« — »Vi har så.« — »Og nu har vi ikke talt med hinanden på et halvt år.« — »Nej, vi har ikke det.« — »Vi skiltes også så rart den gang.« — »Ja; — jeg tror, jeg må komme op til dig.« — »Å, nej; gjør ikke det! Men sig mig: du er vel ikke sint på mig?« — »Kjære, hvor kan du tro det?« — »Farvel da, Øyvind, og tak for det, vi har havt sammen!« — »Nej, Marit!« — »Jo, nu må jeg gå; de savner mig.« — »Marit, Marit!« — »Nej, jeg tør ikke være længer borte, Øyvind. Farvel!« — »Farvel!«

Siden gik han som i en drøm og svarede langt borte fra, når de talte til ham; de tilskrev det afrejsen, som ventelig kunde være, og denne havde også hans

---

Rar ɔ: underlig.

hele opmærksomhed i det øjeblik, skolemesteren om kvælden tog afsked og gav ham noget i hånden, som han siden så var en femdalerseddel. Men siden, da han lagde sig, tænkte han ikke på afrejsen, men på de ord, der var komne ned fra bergkanten og gik op igjen. Som barn fik hun ikke lov til at komme på bergkanten, fordi bestefaderen var ræd, hun skulde falde nedfor. Kanske kommer hun nedfor alligevel!

OTTENDE KAPITEL.

Kjære forældre!

Nu have vi fåt meget mere at læse, men nu er jeg også kommen de andre mere på siden, så det er ikke så tungt. Og nu skal jeg forandre meget på fars plads, når jeg kommer hjem; ti der er det meget galt, og det er forunderligt, at det har hængt sammen. Men jeg skal få skik derpå igjen, for jeg har nu lært meget. Jeg har lyst til at komme et sted, hvor jeg kan gjøre alt det, jeg nu ved; derfor må jeg søge en stor post, når jeg er færdig. Her siger alle, at Jon Hatlen er ikke så flink, som der er sagt hjemme hos os, men han haver egen gård, så det er nu det samme for andre end ham selv. Mange, der kommer herfra, får meget stor løn; men de bliver så godt betalt, fordi vi er den beste landbrugsskole i landet. Somme siger, at en i næste amt er bedre, men det er slet ikke sandt. Her er to ord: det ene heder theori og det andet praksis, og det er godt at have dem begge to, og det ene er ikke noget uden det andet, men det siste er dog det beste. Og det første ord betyder at vide årsagen og grunden i et arbejde, men det andet betyder at kunne gjøre arbejdet, ligesom nu med en myr. For der er mange, som ved, hvorledes de skal gjøre med en myr, men

4*

gjør det galt alligevel, for de kan det ikke. Men mange
kan det og ved det ikke, og således kan det også blive
galt, for der er mange slags myr. Men vi på landbrugs-
skolen, vi lærer begge ord. Bestyreren er så flink, at
slet ingen kan måle sig med ham. På siste landbrugs-
møde for hele landet, styrede han to spørsmål, men
de andre landbrugsbestyrere havde blot ét hver, og det
blev altid, som han sagde, når de fik tænkt sig om.
Men på forrige møde, hvor han ikke var, der sludrede
de bare. Løjtnanten, som lærer landmåling, haver be-
styreren fåt bare for hans flinkheds skyld; ti de andre
skoler haver ingen løjtnant. Men han er så flink, at
på løjtnantsskolen skal han have været den allerbeste.

Skolemesteren spørger, om jeg går i kirken. Ja vist
går jeg i kirken, for nu haver præsten fåt en kapellan,
og han præker, så alle i kirken er meget rædde, og det
er en fornøjelse at høre. Han er af den nye religion,
som de haver i Kristiania, og folk synes, han er for
stræng, men det have de godt af.

Nu for tiden lærer vi megen historie, som vi ikke
have læst før, og det er besynderligt, at se alt, som er
foregåt i verden, men især hos os. For vi har bestan-
dig vundet, undtagen når vi har tabt, og da haver vi
været meget mindre. Nu have vi frihed, og det har in-
gen andre folkeslag så meget af som vi, undtagen Ame-
rika, men der er de ikke lykkelige. Og vor frihed skal
vi elske højest over alle ting.

Nu vil jeg slutte for denne gang, ti jeg har skrevet
meget langt. Skolemesteren læser nok brevet, og når
han svarer for eder, så skal han sige mig noget nyt
om en og anden; ti det gjør han ikke. Men værer
nu flittig hilset fra eders hengivne søn

Ø. Thoresen.

*

Kjære forældre!
Nu må jeg sige eder, at her har været eksamen,
og jeg har stået mig udmærket godt i mange ting og

meget godt i skrivning og landmåling, men temmelig
godt i udarbejdelse af modersmålet. Det kommer deraf,
siger bestyreren, at jeg har ikke læst nok, og han har
foræret mig nogle bøger af Ole Vig, som er mageløse,
for der forstår jeg altsammen. Bestyreren er meget
god mod mig, han fortæller os så mange ting. Altsam-
men her er så ganske småt imod, hvad det er i udlan-
det; vi forstår næsten ingenting, men lærer alt af skot-
lænderne og schweizerne, men af hollænderne lærer
vi havedyrkning. Mange rejser over til disse lande, i
Sverige er de også meget flinkere end vi, og der har
bestyreren selv været. Nu har jeg været her snart et
år, og jeg synes, at jeg havde lært meget, men da jeg
hørte, hvad de kunde, som gik ud ved eksamen, og
tænker på, at heller ikke de kan noget, når de kommer
sammen med udlændingen, så bliver jeg ganske bedrøvet.
Og så er jorden så dårlig her i Norge imod, hvad den
er i udlandet; det lønner sig slet ikke, alt det, vi gjør
med den. Folket vil desuden ikke tage efter. Om de
også vilde, og om jorden var meget bedre, så har de
jo ikke penge til at dyrke med. Det er mærkværdigt,
at det er gået, som det er gået.

Nu er jeg i øverste klasse og skal være der et år,
før jeg er færdig. Men mine fleste kammerater er
rejst og jeg længes hjem. Det er, ligesom jeg synes,
at jeg står alene, endskjønt jeg slet ikke gjør det; men
det er så underligt, når en har været længe borte. Jeg
troede engang, jeg skulde blive så flink her, men det ser
dårligt ud dermed.

Hvad skal jeg nu tage mig for, når jeg kommer
herifra? Først vil jeg naturligvis hjem, siden må jeg
vel søge mig noget, men det må ikke være langt borte.

Lev nu vel, kjære forældre! Hils dem, som spørger
efter mig, og sig dem, at jeg har det godt, men at jeg
nu længes hjem igjen.

Eders hengivne søn
Øyvind Thoresen Pladsen.

Kjære skolemester!

Herved tilspørger jeg dig, om du vil oversende ind-
lagte brev og slet ikke sige det til nogen. Og vil du
ikke, så får du brænde det.

Øyvind Thoresen Pladsen.

Til

velagtede pige Marit Knudsdatter Nordistuen på
Øvre Hejdegårdene.

Du vil nok blive meget forundret ved at modtage
brev fra mig, men det skal du ikke, for jeg vil bare
spørge, hvorledes du har det. Derom må du underrette
mig snarest muligt og i alle måder. Om mig selv er
at sige, at jeg bliver færdig her om et år.

Ærbødigst
Øyvind Pladsen.

Til

ungkarl Øyvind Pladsen på
landbrugsskolen!

Dit brev har jeg rigtig fået af skolemesteren, og jeg
vil svare, siden du beder mig. Men jeg er ræd for det,
da du er så lærd, og jeg haver en brevbog, men den
vil ikke passe. Så må jeg prøve, og du får tage viljen for
gjærningen, men du må ikke vise det frem, for da er
du ikke den, jeg tænker. Du skal heller ikke gjemme
det, da kan nogen let få se det, men du skal brænde
det, og det skal du love mig. Det var så mange ting,
jeg vilde skrive om, men som jeg ikke rigtig tør. Vi
haver fået en god høst, poteten står i høj pris, og her
på Hejdegårdene har vi nok af den. Men bjørnen har
været slem med buskapen i sommer; for Ole Nedre-
gårdene slog han ned to naut, og for vor husmand
skamferte han ét, så hun måtte slagtes. Jeg væver
på en meget stor væv, den er ligesom det skotske tøj,
og det er vanskeligt. Og nu vil jeg fortælle dig, at

Buskap ɔ: kvægbesætning. Naut ɔ: høved, nød.

jeg endnu er hjemme, og at andre gjærne vilde have det anderledes. Nu haver jeg ikke mere at skrive om for denne gang, og derfor må du leve vel.

Marit Knudsdatter.

D. u. s.

Du må endelig brænde dette brev.

Til

agronom Øyvind Thoresen Pladsen!

Det haver jeg sagt dig, Øyvind, at den, som vandrer med gud, han er i den gode arvedel. Men nu skal du høre mit råd, og det er, ikke at tage dig verden med længsel og gjenvordighed, men stole på gud og ej lade dit hjærte fortære dig; ti da haver du en gud foruden ham. Det må jeg dernæst sige dig, at din fader og din moder befinder sig vel; men jeg haver ondt i en hofte; ti nu slår krigen op igjen og alt det, man der haver lidt. Hvad ungdommen sår, det alderdommen høster, og det både i ånden og i legemet, som nu svider og værker og frister til idel klage. Men klage skal alderdommen ikke; ti lærdom rinder af sårene, og tålmod præker værken, at mennesket kan blive stærkt nok mod den siste rejse. Idag haver jeg grebet pennen for mange årsagers skyld, og først og fremst for Marits skyld, som er en gudfrygtig pige bleven, men er let på foden som en ren og af mange forsæt. Ti hun vil gjærne holde sig til ét, men kan det ikke for sin natur, men det haver jeg ofte set, at med sligt svagt hjærtetøj er vorherre lemfældig og langmodig og lader ej friste over formue, så hun brækkes istykker; ti hun er meget skjør. Brevet gav jeg hende rigtigen, og hun skjulte det for alle undtagen sit eget hjærte. Og vil gud give den sag sin fremme, så haver jeg intet derimod; ti hun er en velbehagelighed for unge mandfolk, som tydelig kan sees, og hun haver fuldt op af jordiske goder, og de himmelske har hun også i sin ustadighed. Ti gudfrygtigheden i hendes sind er som vandet i en grund dam; det er der, når det regner, men det er borte, når det skinner sol.

Nu tåler mine øjne ikke mere; ti de ser godt på vidderne, men får ondt og rinder fulde i det små. Tilsist vil jeg sige dig, Øyvind, at i hvad du attrår og arbejder, da tag din gud med; ti som skrevet står: En håndfuld med rolighed er bedre end begge næver fulde med møje og åndsfortærelse (Salomons præd. 4, 6).
Din gamle skolemester
Baard Andersen Opdal.

*

Til
velagtede pige Marit Knudsdatter Hejdegårdene!

Du skal have tak for dit brev, som jeg haver læst og brændt, således som du siger. Du skriver om meget, men slet ikke om det, som jeg vilde, du skulde skrive om. Heller ikke tør jeg skrive om noget vist, før jeg får vide noget om, hvordan du har det i alle måder. Skolemesterens brev siger intet, som en kan holde sig til, men han roser dig, og så siger han, du er ustadig. Det var du også før. Nu ved jeg ikke, hvad jeg skal tro, og derfor må du skrive; ti jeg har det ikke godt, før du har skrevet. I denne tid husker jeg mest, at du kom på berget den siste kvæld, og hvad du da sagde. Mere vil jeg ikke sige denne gang, og derfor må du leve vel.

Ærbødigst
Øyvind Pladsen.

*

Til
ungkarl Øyvind Thoresen Pladsen!

Skolemesteren haver givet mig et nyt brev fra dig, og det haver jeg nu læst. Men jeg forstår det slet ikke, og det kommer vel deraf, at jeg ikke er lærd. Du vil vide, hvordan jeg har det i alle måder, og jeg er sund og frisk og fejler slet ingen ting. Jeg spiser meget godt, helst når jeg får mælkemad; om natten sover jeg og somme tider om dagen også. Jeg har danset meget nu i vinter; ti her har været mange lag, og der har været meget gildt. Jeg går i kirken, når det ikke er for megen sne, men den har været tyk i vinter. Nu har du vel fået vide altsammen, og har du det ikke, så ved jeg ikke rettere, end at du får skrive mig en gang til endnu.

Marit Knudsdatter.

*

Til
velagtede pige Marit Knudsdatter Hejdegårdene!

Dit brev har jeg modtaget, men du synes at ville lade mig være lige klog. Kanske dette også er et svar, jeg ved det ikke. Jeg tør ingen ting skrive af det, jeg vilde skrive, ti jeg kjender dig ikke. Men kanske heller ikke du kjender mig.

Du må ikke tro, jeg længer er den bløde ost, som du krystede vand ud af, da jeg sad og så dig danse. Jeg har ligget på mange hylder for at tørre siden den tid. Ej heller er jeg som de langhårede hunde, der hænger straks med ørene og skyr folk, sådan som jeg fordum gjorde; jeg lader det stå til nu.

Dit brev var skjæmtsomt nok; men det skjæmtede, hvor det slet ikke skulde skjæmte; ti du forstod mig godt, og da kunde du skjønne, at jeg ikke spurgte for spøg, men fordi jeg i den senere tid ikke kan tænke på andet end det, hvorom jeg spurgte. Jeg gik i megen angst og ventede, og da kom der bare fjas og latter.

Farvel, Marit Hejdegårdene, jeg skal ikke se for meget på dig, således som på hin dans. Gid du både må spise godt og sove godt og få din nye væv færdig, og gid fremfor alt du kan skofle sneen væk, som ligger foran kirkedøren.

Ærbødigst
Øyvind Thoresen Pladsen.

Til

agronom Øyvind Thoresen,

 landbrugsskolen.

Til trods for min gamle alder og øjnenes svaghed og værken i min højre hofte må jeg dog give efter for ungdommens påtrængelighed; ti den bruger os gamle, når den selv haver rendt sig fast. Den lokker og græder, til den er bleven løs, men så render den straks igjen fra os og vil slet ikke videre høre.

Nu er det Marit; hun skaber sig med mange søde ord, at jeg skal skrive til følgeskab; ti hun trøster sig ikke til at skrive alene. Jeg haver læst dit brev; hun tænkte, at hun havde Jon Hatlen eller en anden nar for sig, og ikke en, som skolemester Baard har opdraget; men nu kniber det. Dog haver du været for stræng; ti der er visse kvindfolk, som spøger for ikke at gråte, og der er ingen forskjel mellem begge. Men det synes jeg om, at du tager det alvorlige alvorligt; ti ellers kan du ikke le ad det, som er fjas.

Anlangende eders hu, at den står til hinanden, da er dette nu synligt af mange ting. Hende haver jeg ofte tvilet om, ti hun er som vindens gang; men nu ved jeg, at hun haver dog modstået Jon Hatlen, hvorover hendes bestefar er optændt i stor vrede. Hun blev glad, da dit tilbud kom, og når hun spøgte, var det ikke af ondt, men af glæde. Hun haver tålt meget, og det haver hun gjort for at vente på den, som hendes hu stod til. Men da vil du ikke tage hende, men kaster hende som en uartig unge.

Dette var det, jeg måtte fortælle dig. Og det råd må jeg lægge til, at med hende bør du komme vel overens, ti du kan få nok at stride med alligevel. Jeg er som den gamle, der haver set tre slægter; jeg kjender dårskaberne og deres løb.

Din moder og fader skal jeg hilse dig ifra, de venter på dig. Men derom har jeg ikke før villet skrive, at du ikke skulde bli hjærtesår. Din fader kjender du ikke; ti han er som træet, det giver ikke suk, før det hugges. Men kommer du engang noget til, da skal du lære ham at kjende, og du skal undre dig som på et rigt sted. Han haver været trykket og taus i det verdslige, men din moder haver lettet hans sind for verdslig angst, og nu klarer det ud over dagen.

Nu dummes mine øjne, og hånden vil ikke mere. Derfor befaler jeg dig til ham, hvis øje altid våger, og hvis hånd aldrig trættes.

Baard Andersen Opdal.

*

Til
Øyvind Pladsen!

Du synes at være vred på mig, og det gjør mig meget ondt. Ti jeg mente det ikke således, jeg mente det godt. Jeg kommer ihu, at jeg ofte ikke har været rigtig mod dig, og derfor vil jeg nu skrive dig til, men du må ikke vise det til nogen. Engang fik jeg det, som jeg vilde have det, og da var jeg ikke snil; men nu holder ingen af mig mere, og nu har jeg det meget ondt. Jon Hatlen haver digtet en nidvise om mig, og den synger alle gutter, og jeg tør ikke komme på nogen dans. Begge de gamle ved om det, og jeg hører onde ord. Men jeg sidder alene og skriver, og du må ikke vise det.

Du haver lært meget og kan råde mig, men du er nu langt borte. Jeg haver ofte været nede hos dine forældre, og din mor haver jeg talt med, og vi ere blevne gode venner; men jeg tør ikke sige noget, for du skrev så underlig. Skolemesteren gjør bare nar af mig, og han ved ingen ting om nidvisen; ti ingen i bygden tør synge sligt for ham. Nu er jeg alene og har ingen at tale med; jeg husker på, da vi var barn, og du var så snil ved mig, og jeg fik bestandig sidde på din kjælke. Men nu vilde jeg ønske, at jeg var barn igjen.

Jeg tør ikke mere bede dig svare mig; ti det tør jeg ikke. Men vilde du svare mig blot én gang til, så skulde jeg aldrig glemme dig det, Øyvind.

Marit Knudsdatter.

Kjære, brænd dette brev; jeg ved næsten ikke, om jeg tør sende det.

*

Kjære Marit!

Tak for brevet; det har du skrevet i en god stund. Nu vil jeg sige dig, Marit, at dig holder jeg af, så jeg næsten ikke kan være her længer, og holder du så sandt af mig igjen, så skal Jons nidviser og andre onde ord bare være blade, som træet bærer for mange. Siden jeg fik dit brev, er jeg som et nyt menneske, for der er kommen dobbelt kraft i mig, og jeg er ikke ræd for nogen i hele verden. Da jeg havde sendt det forrige brev, så angrede jeg det, så jeg deraf blev næsten syg. Og nu skal du høre, hvad dette blev årsagen til. Bestyreren tog mig afsides og spurte mig, hvad der fejlede mig; han trodde, jeg læste for meget. Da sagde han mig, at når mit år var ude, skulde jeg få være her ét til og ganske frit; jeg skulde hjælpe ham med et og andet, men han skulde lære mig mere. Da tænkte jeg, at arbejdet var det eneste, jeg kunde holde mig til, og jeg takkede meget; og endnu angrer jeg det ikke, skjønt jeg nu længes til dig; ti jo længer jeg er her, med desto større grund kan jeg engang begjære dig. Hvor glad jeg nu er, jeg arbejder for tre, og aldrig skal jeg stå tilbage i nogen ting! Men du skal få en bog, som jeg læser; ti der står meget om kjærlighed. Om kvælden læser jeg den, når de andre sover, og da læser jeg også dit brev over igjen. Har du tænkt dig, når vi skal mødes? Det tænker jeg så ofte på, og det skal også du prøve og se, hvor det er dejligt. Men jeg er glad, at jeg har kravlet og skrevet så meget, skjønt det før var så tungt; ti nu kan jeg sige dig, hvad jeg vil, og smile derved i mit hjærte.

Mange bøger skal jeg give dig at læse, så du kan se, hvor megen gjenvordighed de har havt, som holdt rigtig af hinanden, så at de heller er døde af sorg end have givet hinanden op. Og således skal også vi gjøre, og gjøre det med stor glæde. Vel bliver det næsten to år, til vi ser hinanden, og endnu længer, til vi får hinanden; men med hver dag, som går, er det dog en dag mindre; således skal vi tænke, mens vi arbejder.

Mit næste brev skal blive om så mange ting, men i kvæld har jeg ikke mere papir, og de andre sover. Så vil jeg lægge mig og tænke på dig, og det vil jeg gjøre, lige til jeg sovner.

Din ven
Øyvind Pladsen.

NIENDE KAPITEL.

En lørdag midsommers rodde Thore Pladsen over vandet for at hente sin søn, som om eftermiddagen skulde komme fra landbrugsskolen, hvor han var færdig. Moderen havde havt lejekone flere dage i forvejen, alt var rent og skuret, kammeret var gjort i stand for lang tid siden, ovn var sat ind, og der skulde Øyvind bo. Idag bar moderen friskt løv derind, lagde rent linned tilrette, redede sengen og så ud alt imellem, om nogen båd skulde ro over vandet. Inde var stor opdækning og altid noget, som manglede, eller fluer at jage væk, og i kammeret var støv, bestandig støv. Endnu kom ingen båd; hun hvilte sig på vinduskarmen og så udover; da hørte hun skridt tæt ved sig oppi vejen og vendte hodet; det var skolemesteren, som langsomt kom nedover støttende sig til en stok;

ti hoften var dårlig. De kloge øjne gik rolig i ho-
det; han stansede og hvilte, nikkede til hende: »Endnu
ikke kommen?« — »Nej, jeg venter dem hvert øje-
blik.« — »God høtørke idag.« — »Men hedt at gå
for gammelt folk.« — Skolemesteren så smilende på
hende: »Har ungt folk været ude idag?« — »Har så,
men er gåt igjen.« — »Ja vist, ja; skal vel træffes i
kvæld etsteds.« — »Skal vel så, ja; Thore siger, de
skal ikke mødes i hans hus, før de har de gamles sam-
tykke.« — »Rigtig, rigtig.« — Om en stund ropte mo-
deren: »Der tror jeg næsten, de kommer.« — Skole-
mesteren så længe bortover. »Jo, det er dem;« hun
gik fra vinduet, og han gik ind. Da han havde hvilt
lidt og drukket, drog de ned til sjøen, mens båden
pilte fremover mod dem med stærk fart; ti både far
og søn rodde. De roende havde kastet trøjen, det
hvidnede under åren, derfor var båden snart side
om side med dem. Øyvind vendte hodet og så
op, han traf de to ved støen, hvilte årerne og ropte:
»God dag, mor, god dag, skolemester!« — »For
voksent mål han har fåt!« sagde moderen, hun tin-
drede i ansigtet; »å nej, å nej, han er lige lys,« lagde
hun til. Skolemesteren tog stød mod båden, faderen
lagde årerne ind, Øyvind sprang forbi ham og op, gav
først moderen hånden, så skolemesteren, han lo og lo
igjen, og ganske mod bønders skik fortalte han straks
i en rivende strøm om eksamen, rejsen, bestyrerens
attest og gode tilbud; han spurte om årsvæksten, kjen-
dinger, undtagen én; faderen holdt på og bar op af
båden, men vilde nok også høre, mente derfor, det
kunde stå hen, og fulgte med. Og så bar det opover,
Oyvind lo og fortalte, moderen lo med, for hun vidste
slet ikke, hvad hun skulde sige. Skolemesteren drog
sig langsomt ved siden og så klogt på ham, faderen
gik ærbødig lidt længre borte. Og sådan kom de hjem.

Stø ɔ: landingsplads.

Han var glad over alt, han så, først over, at huset var malet, så over, at kværnhuset var udvidet, så over, at blyvinduerne var udtagne i stuen og kammeret, hvidt glas kommet i stedet for grønt og vinduskarmen større. Da han kom ind, var alting så forunderlig småt, som han slet ikke havde husket det, men så muntert. Klokken kakkede som en fed høne, stolene var udskårne, næsten som de vilde snakke, hver kop på det dækkede bord kjendte han, gruen smilte så hvidkalket velkommen; løv stod og duftede langs væggene, ener lå strøet på gulvet og talte om højtid. De satte sig ned for at spise; men der blev dog ikke stort spist, ti han snakkede uden ophør. De betragtede ham nu hver enkelt med mere ro, opdagede forskjel og lighed, så på det, som var aldeles nyt ved ham, lige til de blå klædesklær, han gik i. Engang han havde fortalt en lang historie om en af sine kammerater og endelig sluttede, så der blev en liden stans, siger faderen: »Jeg forstår næsten ikke et ord af, hvad du siger, gut, du taler så overhændig fort.« — De slog i en latter allesammen, og Øyvind ikke mindst; han vidste meget godt, det var sandt, men det var ham ikke muligt at tale langsommere. Alt det ny, han på sin store udfærd havde set og lært, havde således grebet hans indbildningskraft og opfatning og således jaget ham ud af vante forhold, at kræfterne, der længe havde hvilet, var som opskræmte, og hodet kom i uafladeligt arbejde. Endvidere lagde de mærke til, at han havde for vane hist og her rent vilkårligt at ta to, tre ord op igjen, atter og atter op igjen af lutter travelhed; det var, som han snublede over sig selv. Somme tider faldt det latterligt, men så lo han, og glemt var det. Skolemesteren og faderen sad og spejdede, om noget af omtanken var gåt bort; men det lod ikke så: han huskede alt, var selv den, som mindede om, de burde losse båden, pakkede straks ud sit tøj og hængte op, viste frem sine bøger, sit ur, alt det nye, og det var vel bevaret, sagde moderen. I sit lille værelse var han overmåde glad; han vilde være hjemme for det første, sagde han, hjælpe til med høånnen og læse. Hvor han siden skulde hen, vidste han ikke; men det var ham akkurat det samme. Han havde fåt en raskhed og kraft i tænkningen, som forfriskede, og en livlighed i at udtrykke sin følelse, som gjør den så godt, der hele året igjennem blot lægger an på at holde tilbage. Skolemesteren blev 10 år yngre.

»Nu er vi komne så langt med ham,« sagde han strålende, da han rejste sig for at gå.

Da moderen var kommen ind fra det sædvanlige følge til stenhellen, bad hun Øyvind ud i kammeret. »Der er en, som venter på dig kl. 9,« hviskede hun. — »Hvor?« — »Oppå berget.«

Øyvind så på klokken, og den gik til 9. Inde kunde han ikke vente, men gik ud, kløv op over berget, stansede deroppe og så. Hustaget lå tæt opunder; buskene på taget var blevne store, alt ungtræ omkring, hvor han stod, var også vokset, og han kjendte hvert et. Han så nedover vejen, som gik langs berget og havde skogen på den andre siden. Vejen lå grå og alvorlig, men skogen stod med alt slags løv; træerne var høje og bent voksne, inde i den lille bugt lå et fartøj for slappe sejl; det var lastet med planker og ventede vind. Han så ud over vandet, som havde båret ham frem og tilbage; det lå stille og blankt, nogle sjøfugle fløj over, men uden skrig; ti det var sent. Faderen kom gående fra kværnen, stansede på stenhellen, så udover ligesom sønnen, gik derefter ned mod vandet for at forsyne båden mod natten. Moderen kom ud på den ene side af huset; ti hun kom fra kjøkkenet; hun så op mod berget, idet hun gik over tunet med noget til hønsene, så atter op og nynnede. Han satte sig ned for at vente; småskogen vokste tæt, så han

Heån ɔ: heslæt.   Tun ɔ: gårdsplads.

ikke kunde se langt indover, men han lyttede til den mindste støj. Længe var det blot fugl, der fløj op og narrede ham, snart igjen et ikorn, som hoppede over i et andet træ. Men endelig knager det længer borte, stanser lidt, knager igjen; han rejser sig, hjærtet banker, og blodet sprøjter ham til hodet; da bryder det i buskene tæt ved ham, men det er en stor, lådden hund, som kommer og ser ham, stanser da på tre ben og rører sig ikke. Det var hunden på Øvre-Hejdegårdene, og tæt bag den knager det igjen, hunden vender hodet og logrer; nu kommer Marit.

En busk holdt kjolen, hun vendte sig for at løse, og sådan stod hun, da han først så hende. Hun havde bart, oprullet hår, sådan som jenterne plejede at gå i hverdagslaget, hun havde en stærk, rudet livkjole uden ærmer, intet om halsen uden den nedfaldende linnedkrave; hun havde stjålet sig lige fra markarbejdet og havde ingen pynt turdet gjøre. Nu så hun op på skakke og smilte; det lyste i de hvide tænder og under de halvlukkede øjelåg; hun stod sådan lidt og pillede, men så kom hun og blev mere og mere rød for hvert skridt. Han gik hende til møde, tog hendes hånd mellem begge sine. Hun så dybt ned, og sådan stod de.

»Tak for alle dine breve,« var det første, han sagde, og da hun nu så op lidet gran og lo, følte han, at hun var det mest skjælmske trold, han kunde møde i en skog; men han var fangen, og hun var det nok ikke mindre. »Hvor stor du er ble't!« sagde hun, og mente noget ganske andet. Hun så mere og mere på ham, lo mere og mere, han lo også; men de sagde ingen ting. Hunden havde sat sig på skrænten og så ned på gården; Thore bemærkede dette hundehode nede fra vandet og kunde for sit liv ikke begribe, hvad det var, som viste sig oppå berget.

Ikorn ɔ: egern.
Bjørnson: En glad gut.   5

Men de to havde nu sluppet hinanden og begyndte
så småt at tale. Og da han først havde begyndt, blev
han snart så kringmælt, at hun måtte le ham ud. »Ja,
ser du, det er, når jeg er glad, rigtig glad, ser du; og da
det blev godt imellem os to, da var det, som der sprang
op en lås inden i mig, sprang op, ser du.« Hun lo.
Siden sagde hun: »Alle de breve, du sendte mig,
kan jeg næsten udenad.« — »End jeg dine da! Men
du skrev bestandig så kort.« — »Fordi du bestandig
vilde ha det så langt.« — »Og når jeg vilde, vi skulde
skrive mere om én ting, så svang du bort.« — »Jeg
tar mig best ud, når du ser halen, sa' huldren.« —
»Men det er sandt; aldrig har du sagt mig, hvorledes
du blev kvit Jon Hatlen!« — — »Jeg lo.« — »Hvor-
ledes?« — »Lo; ved du ikke, hvad det er at le?« —
»Jo, le kan jeg!« — »Få se!« — »Har du hørt sligt!
Jeg må da ha noget at le ad.« — »Det behøver ikke
jeg, når jeg er glad.« — »Er du glad nu, Marit?« —
»L e r jeg nu da?« — »Ja, det gjør du!« han tog
begge hendes hænder og slog dem sammen, klask i
klask, mens han så på hende. Her begyndte hunden
at knurre, siden rejste den hår og satte i at gjø bent
ned, den blev sintere og sintere, tilsist ganske rasende.
Marit sprang forskrækket tilbage, men Øyvind frem
og så ned. Det var hans far, den gjødde på; han stod
tæt under berget med begge hænder i lommen og så
op på hunden. »Er du der, du også? Hvad er det
for en gal hund, du har deroppe?« — »Det er en
hund fra Hejdegårdene,« svarede Øyvind noget for-
legen. — »Hvordan pokker er den kommen derop?«
— Men moderen havde set ud fra kjøkkenet; ti hun
havde hørt den skrækkelige støj, og hun forstod alt,
lo og sagde: »Den hunden farer her hver dag, så
det er ikke noget underligt.« — »Det er da også

Kringmælt ɔ: hurtigtalende.

en glubsk hund.« — »Den blir bedre, når en klapper den,« mente Øyvind og gjorde så; hunden taug, men knurrede. Faderen gik troskyldig ned, og de to var frelste for opdagelse.

»Det var nu den gang,« sagde Marit, da de atter mødtes. — »Blir det værre siden, mener du?« — »Jeg kjender én, jeg, som vil passe os op.« — »Din beste-far?« — »Netop.« — »Men han skal ikke gjøre os noget.« — »Aldrig det slag.« — »Og det lover du?« — »Ja, det lover jeg, Øyvind.« — »Hvor vakker du er, Marit!« — »Så sa' ræven til ravnen og fik osten.« — »Du kan tro, jeg også vil ha osten.« — »Men du får den ikke.« — »Men jeg tar den.« — Hun vendte hodet, og han tog den ikke. — »Jeg skal sige dig et, jeg, Øyvind!« hun så op fra siden. — »Nu?« — »Hvor styg du er ble't!« — »Du vil nok gi osten alligevel.« — »Nej, det vil jeg ikke,« hun vendte sig påny.

»Nu må jeg gå, Øyvind.« — »Jeg skal følge dig, jeg.« — »Men ikke ud af skogen; da kan bestefar se dig.« — »Nej, ikke ud af skogen. Kjære, løber du?« »Vi kan da ikke gå side om side her.« — »Men sligt er da ikke følgeskab!« — »Tag mig da!« — Hun løb, han efter, og hun hang snart fast, så han tog hende. — »Har jeg nu taget dig for bestandig, Marit?« han havde hånden om hendes liv. — »Jeg tror det,« sagde hun sagte og lo, men var både rød og alvorlig. Nej, nu må det ske, tænkte han, og han tog og vilde kysse hende; men hun bøjede hodet ned under hans arm, lo og løb. Hun stansede dog borte ved de siste trær; »når skal vi så mødes igjen?« hviskede hun. — »Imor-gen, imorgen!« hviskede han tilbage. — »Ja, imorgen!« — »Farvel!« hun løb. — »Marit!« og hun stansede. — »Du, det var rart, at vi mødtes først oppe på ber-get.« — »Ja, det var så,« hun løb igjen.

Han så længe efter hende, hunden for foran og gjødde, hun efter og hyssede. Han vendte sig, tog huen

5*

og kastede ende op, tog den igjen og kastede; »nu tror jeg nok, jeg begynder at bli glad, jeg,« sa gutten og sang hjemover.

TIENDE KAPITEL.

En eftermiddag ud på sommeren, da moderen og en pige ragede hø sammen, faderen og Øyvind bar ind, kom en liden barfodet og barhodet gut hoppende nedover bakkerne og bortover marken til Øyvind, som han gav en seddel. »Du løber godt, du!« sagde Øyvind. »Jeg har betaling for det,« svarede gutten. På spørsmål, om han skulde ha svar, lød det nej, og han tog vejen hjem igjen over berget; ti der kom nogen efter ham oppi vejen, sagde han. Øyvind åbnede brydsomt seddelen; ti den var først lagt sammen i en strimmel, dernæst var den knyttet, så forseglet og tillakket, og i sedlen stod:

»Nu er han på marsen; men det går langsomt. Spring på skogen, og gjem dig!

Den, du ved.«

»Nej, om jeg gjør,« tænkte Øyvind og så trodsig opover bakkerne. Det varede heller ikke længe, før en gammel mand viste sig øverst i bakkerne, hvilte, gik lidt, hvilte igjen; både Thore og konen stansede for at se på. Men Thore smilte snart, konen derimod skiftede farve. »Kjender du ham?« — »Ja, her er just ikke let at ta fejl.«

Far og søn begyndte på ny at bære hø; men den siste passede det så, at de altid fulgtes. Den gamle oppi bakken kom langsomt nærmere ligesom et tungt

---

Ende ɔ: lige.

vestenvejr. Han var meget høj og noget førlig; han
havde onde ben og gik fod for fod med svær hold-
ning og stav. Han kom snart så nær, at de kunde se
ham nøje; han stansede, tog huen af hodet og tør-
rede sveden med et tørklæde. Han var ganske skallet
langt bagover; han havde et rundt sammenfoldet an-
sigt, små gnistrende, plirende øjne, buskede bryn og
alle tænder i munden. Når han talte, var det med en
skarp, gnældrende stemme, der hoppede som over grus
og sten; men på et og andet »r« hvilte den med stort
velbehag, trillede så henover det i flere alens længde
og gjorde i det samme et vældigt hop i tonen. Han
havde i yngre dage været bekjendt for en munter,
men hidsig mand; på sine gamle var han ved mange
slags modgang blevet ilter og mistænkelig.

Thore og sønnen gjorde mange venderejser, før
Ole kunde vinde frem; de forstod begge, at han ikke
kom for det godes skyld, derfor var det så meget pud-
sigere, at han aldrig nåede. De måtte begge gå der
meget alvorlige og tale ganske sagte, men da dette
aldrig tog ende, blev det løjerligt. Blot et halvt ord,
som træffer, kan under sådanne omstændigheder tænde
latter, og allerhelst, når der er fare forbunden med at
le. Da han tilsist var nogle favne borte, men som
aldrig tog ende, sagde Øyvind ganske tørt og sagte:
»Han må føre tungt læs, den mand,« — og mere
skulde der ikke til. »Jeg mener, du er ikke klog,«
hviskede faderen, skjønt han nok selv lo. — »Hm,
hm!« kræmtede Ole oppi bakken. »Han lager hal-
sen til,« hviskede Thore. Øyvind faldt på knæ foran
høsåten, stak hodet ind i høet og lo. Faderen bøjede
sig også ned. »Lad os gå ind på låven,« hviskede han,
tog et fang hø og travede i vej; Øyvind tog en liden
dusk, sprang efter, kroget af latter, og slap sig først ned
indpå låven. Faderen var en alvorlig mand, men fik

Gnældrende ɔ: skarp, skrigende. Såte ɔ: liden stak.

nogen ham ind på latteren, småklukkede det først i
ham, derpå blev det altid længre, men afbrudte triller,
indtil de flød sammen i en eneste lang ulyd, hvorefter
der kom bølge på bølge med altid længre sug. Nu
var han kommet i vej, sønnen lå på gulvet, faderen stod
over, og begge lo, så det bragede. De havde sig en
gang imellem sligt lattertag; men »dette kom ubelej-
ligt,« sagde faderen. Tilsist vidste de ikke, hvorledes
dette skulde gå, ti den gamle måtte jo være kom-
met tilgårds. »Jeg vil ikke ud,« sagde faderen; »jeg
har ingenting med ham at bestille.« — »Ja, så går
heller ikke jeg,« svarede Øyvind. — »Hm-hm,« lød
det lige udenfor låvevæggen. Faderen truede til gut-
ten: »Vil du ud med dig!« — »Ja, gå du først!«
— »Nej, vil du bare pakke dig!« — »Ja, gå først!«
— og de børstede af hverandre og gik meget alvorlige
frem. Da de kom nedenfor kloppen, så de Ole stå
vendt mod kjøkkendøren, som han betænkte sig; han
holdt huen i den hånd, hvormed han holdt staven,
og tørrede med et tørklæde sveden af det skallede
hode, men ruskede også op i bustene bag øret og i
nakken, så de stak ud som pigger. Øyvind holdt sig
bag faderen; denne måtte derfor stå stille, og for
at gjøre en ende på det sagde han uhyre alvorlig:
»Er så gammelt folk ude og går?« Ole vendte sig,
så hvast på ham og satte huen tilrette, før han sva-
rede: »Ja, det læg's til.« — »Du kan være træt, vil
du ikke gå ind?« — »Å, jeg kan hvile her, jeg står;
jeg har ikke langt ærend.« — Der var en, som gløttede
på kjøkkendøren; imellem hende i kjøkkendøren og
Thore stod gamle Ole, med hueskjærmen nedover øj-
nene; ti huen var for stor nu, siden håret var gåt
bort. For at kunne se hældede han hodet dygtig bag-
over, staven holdt han i højre hånd, og den venstre
holdt han spændt i siden, når han ikke gestikulerte, men

Klop ɔ: bro (af træstokke). Bust ɔ: hår, børste.

det gjorde han aldrig stærkere end ved at sende den
halvt ud ifra sig og holde den stille der som en vagt
om sin værdighed. »Er det søn din, som står bag dig?«
begyndte han med rask stemme. — »De siger så.« —
»Øyvind heder han, ikke så?« — »Ja, de kalder ham
Øyvind.« — »Han har været på en af disse agersko-
lerne der syd på?« — »Det var noget sligt, ja.« —
»Nej, jenten min, hun, datterdatter min, Marit ja, hun
er ble't galen på det siste.« — »Det var lejt.« — »Hun
vil ikke gifte sig.« — »Nu da?« — »Hun vil ingen ha
af alle de gårdgutter, som by'r sig til.« — »Ja så!« —
»Men det skal være hans skyld, hans, som står der.« —
»Ja så?« — »Han skal ha gjort hende hodetullen;
ja, han der, søn din, Øyvind.« — »Det var som pok-
ker.« — »Ser du, jeg liker ikke, at nogen tar hestene
mine, når jeg slipper dem tilfjælds, liker heller ikke,
at nogen tar døtrene mine, når jeg slipper dem til
dans, liker det slet ikke.« — »Nej, det forstår sig.«
— »Jeg kan ikke gå efter; jeg er gammel, jeg kan ikke
passe på.« — »Nej-nej; nej-nej!« — »Ja, ser du,
jeg vil holde skik og orden; der skal stabben stå, og
der skal øksen ligge, og der kniven, og der skal de
sope, og der skal de kaste ud, ikke udenfor døren,
men der i krogen, der netop, ja, og ikke noget andet
sted. Altså, når jeg siger til hende: ikke ham, men
ham! så skal det være ham — og ikke ham!« —
»Naturligvis.« — »Men slig er det ikke; i tre år har
hun sagt nej, og i tre år har det ikke været godt imel-
lem os. Dette er ondt; og det er ham, som er grun-
den, så vil jeg sige ham, så du hører det, du, som far
er, at det nytter ham ikke; han får slutte.« — »Ja
ja.« — Ole så en stund på Thore, da sagde han:
»Du svarer så kort!« — »Den pølse er ikke længre.«
Her måtte Øyvind le, skjønt hans sind ikke var

Lej ɔ: fæl. Hodetullen ɔ: tummelumsk. Stabbe ɔ: huggeblok. Sope
ɔ: føje.

til det. Men hos frejdige mennesker står frygten altid
på grænsen af latter, og nu fik han hældning til det
siste. »Hvad ler du ad?« spurte Ole kort og skarpt.
— »Jeg?« — »Ler du ad mig?« — »Bed gud bevare
mig!« men hans eget svar gav ham latterlyst. Dette
så Ole og blev aldeles rasende. Både Thore og Øyvind
vilde bøde af med alvorligt ansigt og bøn om at gå
ind; men det var tre års harme, som søgte luft, og
derfor var den ikke til at stanse. »Du må ikke tænke
at gjøre nar af mig,« begyndte han; »jeg går i lovligt
ærend, jeg sørger for mit barnebarns lykke, således
som jeg forstår den, og hvalpungers latter hindrer
mig ikke. En opdrager ikke jenter for at kaste dem
ned i den første husmandsplads, som vil lukke op, og
man styrer ikke hus i firti år for at levere alt-
sammen til den første, som narrer jenten. Datter min
gik og skabte sig så længe, til hun fik gifte sig med en
fark, og han drak dem overende begge to, og jeg
måtte ta barnet og betale moroen; men, dyre død,
om det skal gå datterdatter min på samme måde, nu
ved du d e t! — Jeg skal sige dig, at så sandt jeg er
Ole Nordistuen på Hejdegårdene, skal præsten før lyse
til bryllups for huldrefolket oppe i Nordalsskogen, end
han skal slippe slige navne ned fra prækestolen, som
Marits og dit, din julebuk! — Skal du kanske gå
og skræmme skikkelige friere fra gården, du? Ja,
prøv på at komme, så skal du få slig en rejse ned-
over bakkerne, at skoene skal stå bag efter dig som en
røg. Din Fliremikkel! Du tror kanske, jeg ikke ved,
hvad du tænker på, både du og hun. Jo, I tænker,
at gamle Ole Nordistuen skal vende næsen i vejret
bortpå kirkegården, og så vil I trippe frem til alteret.
Nej, nu har jeg levet 66 år, — og jeg skal bevise dig,
jeg, gut, at jeg skal leve, så I skal få blegsot af det,
begge to! Jeg skal gi dig det til, jeg, at du skal få

Fark ɔ: landstryger. Fliremikkel ɔ: grinebider.

lægge dig omkring væggene som nysne og endda
ikke se hendes fodsåler, for jeg sender hende ud af
bygden, jeg sender hende did, hun er tryg, så kan du
flakse om her som en latterskrike og gifte dig med
regn og nordenvind. Og så taler jeg ikke mere til
dig; men nu ved d u, som far er, min mening, og vil
du h a n s vel, som det her gjælder, da må du få ham
til at bøje elven did, den kan løbe; over min ejen-
dom er det forbudt.« — Han vendte sig med små,
forte skridt, idet han løftede højre fod lidt stærkere
end venstre og småskjændte for sig selv.

Der var faldt fuldkommen alvor over de tilbage-
stående, et ondt varsel havde blandet sig i deres spøg
og latter, og huset stod et øjeblik tomt som efter en
skræk. Moderen, som fra kjøkkendøren havde hørt alt,
så bekymret på Øyvind, næsten til tårer, og hun vilde
ikke gjøre det tyngre for ham ved at sige et eneste
ord. Da de alle stiltiende var gåt ind, satte faderen
sig ved vinduet og så ud efter Ole med megen alvor
over sit åsyn. Øyvinds øje hang ved hans mindste
minespil; ti i hans første ord måtte jo næsten de
to unges fremtid ligge. Satte Thore sit nej sammen
med Oles, stod det neppe til at komme forbi. Tan-
ken løb skræmt fra hindring til hindring; han så et
øjeblik bare fattigdom, modvilje, misforståelse og kræn-
ket æresfølelse, og enhver støtte, han vilde ta til, gled
under tanken. Det forøgede hans uro, at moderen stod
med hånden på kjøkkendørsklinken, uvis, om hun havde
mod til at være inde og vente opgjør, og at hun
tilsist ganske tabte modet og listede sig ud. Øyvind
så ufravendt på faderen, som aldrig vilde drage blikket
ind; sønnen turde heller ikke tale, ti den anden måtte
jo få tænke fuldt ud. Men netop i samme stund
havde sjælen løbet sin angstens bane helt ud og tog
holdning igjen; »ingen uden gud kan dog til syvende

Latterskrike ɔ: ø egenavn for en vis fugl.

og sist skille os,« tænkte han ved sig selv og så på
faderens rynkede bryn; — nu kom der snart noget.
Thore drog et langt suk, rejste sig, så indover og traf
sønnens blik. Han stansede og så længe på ham. —
»Min vilje var det, at du opgav hende; ti man skal
nødig tigge eller true sig frem. Vil du ikke afstå der-
fra, så tør du ved lejlighed sige mig til, og kanske jeg
så kan hjælpe dig.« — Han gik til sit arbejde, og søn-
nen fulgte.

Men om kvælden havde Øyvind sin plan færdig;
han vilde søge om at bli amtsagronom og bede be-
styreren og skolemesteren hjælpe sig. »Holder hun
så ud, skal jeg med guds hjælp vinde hende gjennem
mit arbejde.«

Han ventede forgjæves på Marit den kvæld, men
han sang, mens han gik der, den sang, han holdt
mest af:

Løft dit hode, du raske gut!
Om et håb eller to blev brudt,
blinker et nyt i dit øje,
straks det får glans af det høje!

Løft dit hode, og se dig om!
Noget er der, som roper: kom! —
noget med tusende tunger,
som om frejdighed sjunger.

Løft dit hode; ti i dig selv
blåner også et udstrakt hvælv,
hvor der med harper klinger,
jubler, toner og svinger!

Løft dit hode, og sjung det ud!
Aldrig kuer du vårens skud;
hvor der er gjærende kræfter,
skyder det året efter.

Løft dit hode, og tag din dåb
af det høje, strålende håb,
som over verden hvælver
og i hver livsgnist skjælver!

ELLEVTE KAPITEL.

Midt i middagshvilen var det; folkene sov på de
store Hejdegårde, høet lå kastet efter dem på volden,
og riverne stod stagede i jorden. Nedenfor låveklop-
pen stod høslæderne, sæletøjet lå afsprættet ved siden,
og hestene gik i tjor et stykke derifra. Foruden disse
og nogle høns, som var komne borti ageren, såes ikke
et levende væsen på den hele slette.

I fjældet over gårdene var der et skar, og der gik
vejen ind til Hejdegårdssætrene, store, græsrige fjæld-
sletter. Oppe i skaret stod idag en mand og så ned-
over sletten, ret som om han ventede nogen. Bag
ham lå et lidet fjældvand, hvorifra den bæk løb ned,
som gjorde skar i fjældet; omkring dette vand gik på
begge sider kreaturveje indover mod sætrene, som han
kunde se langt borte. Det haukede og gjødde frem-
over mod ham, bjælderne skingrede mellem åsene;
ti kjørene skinede og søgte vandet, hunde og gjætere
vilde samle dem, men forgjæves. Kjørene kom sæt-
tende med de underligste fagter, gjorde nødtvungne kast
og løb med korte, olme brøl og halen i vejret lige ned
i vandet, hvor de blev stående; deres klokker kimede
over vandet, hver gang de bevægede hodet. Hundene
drak lidt, men blev tilbage på fast land, gjæterne kom
efter og satte sig på det varme, glatte berg. Her tog
de frem sin nistemad, byttede med hverandre, skrød af

Vold ɔ: græsslette. Skar ɔ: skår, kløft. Skine ɔ: bisse. Olm ɔ:
uvane.

hinandens hunde, okser og husfolk, klædte sig siden af og sprang i vandet ved siden af kjørene. Hundene vilde ikke ud, men sluntede dovne omkring med hængende hode, hede øjne og tungen på den ene side. Rundt i lierne såes ingen fugl, ingen lyd hørtes uden børnenes småsnak og klokkekim; lynget stod forbrændt og afsvedet, solen hedede op bergsiderne, så alt kovnede i varme.

Men Øyvind var det, som sad deroppe i middagssolen og ventede. Han sad i skjorteærmerne tæt ved den bæk, som randt ud af vandet. Ingen viste sig endnu på Hejdegårdssletten, og han begyndte så småt at bli bange, da pludselig en stor hund kom tungt dragende udaf en dør i Nordistuen og efter den en jente i skjorteærmerne; hun sprang bortover voldene op mod berget, han havde stor lyst til at hauke ned, men turde ikke. Han så opmærksomt på gården, om nogen tilfældig skulde komme ud og bemærke hende, men beskyttet var hun, og han rejste sig flere gange af utålmodighed.

Så kom hun endelig, arbejdende sig frem langs med bækken, hunden lidt foran og lugtende i luften, hun med tag i småbuskene og trættere og trættere gang. Øyvind sprang nedover, hunden knurrede og der blev hysset på den, men straks Marit så ham komme, satte hun sig på en stor sten, rød som blod, træt og forkommen af varme. Han hivde sig op på stenen ved siden af: »Tak for det, du kom!« — »For varme og vej! Har du ventet længe?« — »Nej. Siden de passer os op om kvælden, må vi bruge middagen. Men herefter tænker jeg, vi ikke skal ta det så hemmeligt og møjsomt; det er netop derom, jeg vil tale med dig.« — »Ikke hemmeligt.« — »Jeg ved nok, at alting behager dig mest, som går hemmeligt til; men at vise mod behager dig også. Idag kommer jeg til at tale længe

---

Kovne ɔ: kvæles, miste vejret.

med dig, og nu må du høre.« — »Er det sandt, du søger om at bli amtsagronom?« — »Ja, og jeg blir det nok. Dermed har jeg en dobbelt hensigt, først den at vinde stilling, og dernæst og især den at udrette noget, som din morfar kan se og skjønne. Det træffer sig så heldigt, at de fleste opsiddere på Hejdegårdene er unge folk, som vil forbedringer og forlanger hjælp; penger har de også. Så begynder jeg der; jeg skal rette på alt, fra deres fjøs til deres vandledninger, jeg skal holde foredrag og arbejde, jeg skal så at sige be- lejre gamlingen med gode gjærninger.« — »Dette er kjækt talt; mere, Øyvind!« — »Ja, det andet skal handle om os to. Du må ikke rejse.« — »Når han be- faler det?« — »Og ikke ha noget hemmeligt, hvad os to angår.« — »Når han plager mig?« — »Men vi opnår mere og beskytter os bedre ved at la' alt bli offentligt. Vi skal netop være så meget under folks øjne, at de altid må tale om, hvor vi holder af hverandre; des snarere ønsker de, at det må gå os vel. Du må ikke rejse. Der er fare for dem, som skilles, og der kan bryde snak ind imellem dem. Vi tror ikke noget det første år, men vi kan begynde så småt at tro det andet. Vi to skal mødes én gang om ugen og le bort alt det onde, som de vil sætte imellem os; vi skal kunne mødes på en dans og træde takten, så det syn- ger, mens de sidder rundt om, som bagtaler os. Vi skal mødes ved kirken og hilse til hverandre, så alle de ser på det, som kunde ønske os hundrede mile fra hverandre. Digter nogen en vise om os, så sidder vi sammen og prøver på at lage en, som kan svare; det må altid gå, når vi hjælpes ad. Ingen kan nå os, når vi holder sammen, og også viser folk, at vi holder sammen. Al den ulykkelige kjærlighed til- hører enten rædde folk eller svage folk eller syge folk eller beregnende folk, som går og venter på en viss lejlighed, eller listige folk, som tilsist svider for sin egen list, eller sanselige folk, som ikke holder så vidt

af hverandre, at stand og forskjel kan glemmes, — de
går og stikker sig væk, sender breve, skjælver ved et
ord, og frygten, denne bestandige uro og stikken i blo-
det, tar de så tilsist for kjærlighed, føler sig ulykkelige
og løses op som sukker. Pyt, sa'n, holdt de rigtig af
hverandre, så frygtede de ikke, så lo de, så gik de åbent
lige på kirkeporten i hvert smil og hvert ord. Jeg har
læst om det i bøgerne, og jeg har set det selv også:
det er skralt med den kjærlighed, som går bagveje. Den
må begynde i hemmelighed, fordi den begynder i und-
seelse; men den må leve i åbenhed, fordi den lever
i glæde. Det er som i løvskiftningen, at det ikke kan
gjemme sig, det, som skal vokse, og i alt fald så ser
du, at alt det, som er tørt på træet, falder af i den
samme stund, løvsprættet begynder. Den, som får kjær-
lighed, slipper, hvad han holdt fast af gammelt, dødt
tøjeri, safterne sprætter og springer, og da skulde ingen
mærke det? Ho-i, jente, de skal bli glade af at se os
glade; to forlovede, som holder ud, gjør folk en vel-
gjærning, for de gir dem et digt, som deres barn lærer
udenad til de vantro forældres skam. Jeg har læst om
så mange sådanne, der lever også nogle i folks mund her
i bygden, og netop børnene af dem, som engang for-
voldte alt det onde, er det, som nu fortæller og røres.
Ja, Marit, nu skal vi to gi hinanden hånden, sådan,
ja, og så skal vi love hinanden at holde ihob, sådan, ja,
og så skal det gå, hurra! —« Han vilde ha fat i hodet,
men hun vendte det væk og lod sig glide ned af stenen.

Han blev siddende, hun kom igjen, og med armene
på hans knæ blev hun stående og talte med ham, idet
hun så op. »Hør nu, Øyvind, når han nu vil, jeg skal
rejse, hvad så?« — »Så skal du sige nej, rent ud.« —
»Kjære, går det an?« — »Han kan da ikke bære dig
ud i vognen!« — »Om han ikke netop gjør det, så
kan han på mange andre måder tvinge mig.« — »Det
tror jeg ikke; lydighed er du jo pligtig, så længe den
ikke er synd; men du er også pligtig at la' ham vide

fuldt ud, hvor tungt det denne gang er dig at være
lydig. Jeg mener, han betænker sig, når han ser det;
nu tror han som de fleste, at det bare er barnefjas.
Vis ham, det er noget mere.« — »Du kan tro, han er
ikke grej. Han vogter mig som en tjoret gjed.« —
»Men du slider tjoret flere gange om dag.« — »Det
er ikke sandt.« — »Jo, hver gang du hemmelig tæn-
ker på mig, så slider du det.« — »Ja sådan. Men er
du også viss på, at jeg tænker så ofte på dig?« —
»Ellers sad du ikke her.« — »Kjære, du sendte jo
bud, at jeg skulde komme!« — »Men du gik, fordi
tankerne drev.« — »Heller, fordi vejret var så vak-
kert.« — »Du sagde nylig, det var for varmt.« — »Til
at gå i m o d bakkerne, ja, men n e d igjen!« — »Hvor-
for gik du så op?« — »For at kunne springe ned.«
— »Hvorfor er du ikke alt sprunget?« — »Fordi jeg
måtte hvile.« — »Og tale med mig om kjærlighed?«
— »Jeg kunde gjærne gjøre dig den glæde at høre på.«
— »Mens fugle sang,« — »og de andre sov,« — »og
de klokker klang« — »i den grønne skov.«

Her så de begge Marits bestefar komme ruslende
ud på gården og så gå hen til klokkesnoren for at ringe
folkene op. Folkene drog sig frem af låver, skjul og
stuer, gik søvnige til hestene og riverne, spredte sig
på marken, og om en stund var alt liv og arbejde på
nyt. Kun bestefaderen gik ud af det ene hus og ind
i det andet, tilsist op på den højeste låveklop og
så udover. En liden gut kom springende hen til
ham, ventelig havde han ropt på ham. Gutten
ganske rigtig nedover i den retning, Pladsen lå,
bestefaderen imidlertid rundt om gården, idet han
ofte så opover, og anede vel mindst, at det sorte oppe
på »Skorstenen« var Marit og Øyvind. Men anden
gang var Marits store hund til ulejlighed. Den så en
fremmed hest kjøre ind på Hejdegårdene, og idet den

Han er ikke grej ɔ: han er ikke til at spøge med. Rusle ɔ: lakke
afsted.

trodde, at den stod midt i sin gårdsforretning, gav den sig til at gjø af alle livsens kræfter. De hyssede på hunden, men den var blevet vred og vilde ikke holde op, bestefaderen stod nede og stirrede ende i vejret. Men det blev endnu værre, ti alle gjæternes hunde hørte med forbauselse den fremmede stemme og løb til. Da de så, at det var en stor, gråbenlignende kjæmpe, forenede alle de stridhårede finnehunde sig om denne ene; Marit blev så forskrækket, at hun løb uden farvel, Øyvind midt op i slagsmålet, spændte og slog, men de bare flyttede kampplads og så atter isammen under grusomme hyl og spark, han efter på nyt, og således lige til de valsede sig bort til bækkebrinken, da løb han til, hvoraf følgen var, at de væltede allesammen ned i vandet just et sted, hvor det var rigtig dybt, drog sig da skamfulde fra hverandre, og således endte dette skogslag. Øyvind gik skogen bortover, til han nådde bygdevejen, men Marit mødte bestefaderen oppe ved skigarden; det havde hunden forvoldt hende.

»Hvor kommer du fra?« — »Fra skogen!« — »Hvad gjorde du der?« — »Plukkede bær.« — »Det er ikke sandt.« — »Nej, det er det heller ikke.« — »Hvad gjorde du da?« — »Jeg talte med en.« — »Var det med pladsegutten?« — »Ja.« — »Hør nu, Marit, imorgen rejser du.« — »Nej.« — »Hør nu, Marit, jeg vil bare sige dig én eneste ting, bare én: du s k a l rejse.« — »Du kan ikke løfte mig i vognen.« — »Ikke? Kan jeg ikke?« — »Nej, for du vil ikke.« — »Vil jeg ikke? Hør nu, Marit, bare for moro, ser du, bare for moro vil jeg fortælle dig, at jeg skal slå rygstykkerne istykker på den fillegutten din.« — »Nej, det tør du ikke!« — »Tør jeg ikke? Siger du, jeg ikke tør? Hvem skulde gjøre mig noget, hvem?« — »Skolemesteren.« — »Skol-skole-skolemesteren? Bry'r han sig om ham, mener du?« — »Ja,

---

Gråben ɔ: ulv. Skigard ɔ: vedgjærde.

det er ham, som har holdt ham på agronomskolen.«
— »Skolemesteren?« — »Skolemesteren!«

»Hør nu, Marit, jeg vil ikke vide af dette rend,
du skal ud af bygden. Du gjør mig bare sorg og be-
drøvelse, så var det med mor din også, bare sorg og be-
drøvelse. Jeg er en gammel mand, jeg vil se dig godt
forsørget, jeg vil ikke leve i folkesnak som en nar for
den sags skyld; jeg vil bare dit eget beste; du skal
skjønne på det, Marit. Snart er det forbi med mig,
så står du der; hvordan vilde det ha gåt mor din,
havde ikke jeg været? Hør nu, Marit, vær vitug, lyd
på, hvad jeg siger; jeg vil bare dit eget beste.« —
»Nej, det vil du ikke.« — »Så? Hvad vil jeg da?«
— »Ha din vilje frem, det vil du; men du spørger
ikke om min.« — »Du skulde kanske ha vilje, du,
din måseunge? Du skulde kanske forstå dit eget beste,
du, din nar? Jeg skal gi dig lidt ris, skal jeg, så stor
og lang du er. Hør nu, Marit, lad mig godsnakke med
dig. Du er i grunden ikke så gal, men du er forstyrret.
Du skal høre på mig, jeg er en gammel og fornuftig
mand. Vi skal godsnakke lidt, det står ikke så rart
til med mig, som folk tror; en fattig, løs fugl kan snart
flyve væk med det lille, jeg har; far din tog hårdt på
det, han. Lad os sørge for os selv i denne verden, den
er ikke bedre værd. Skolemesteren har godt for at
snakke, for han har penger selv; det har præsten med,
de kan præke, de. Men vi, som skal trælle for føden,
med os er det en anden sag. Jeg er gammel, jeg ved
meget, jeg har set mange ting; kjærlighed, ser du, det
kan være vel nok, sådan til at snakke om, ja, men det
dur ikke; det er godt nok for præstefolket og de dele,
bønderne må ta det på en anden måde. Først maden,
ser du, så gudsord og så lidt skrivning og regning og så
lidt kjærlighed, hvis det så kan lage sig, men det nytter
bitterdød ikke at begynde med kjærligheden og ende

Vitug ɔ: forstandig. Måseunge ɔ: mågeunge.

med maden. Hvad svarer du nu, Marit?« — »Jeg ved ikke.« — »Ved du ikke, hvad du skal svare?« — »Jo, det ved jeg.« — »Nu da?« — »Skal jeg sige det?« — »Ja, vist skal du sige det!« — »Jeg holder meget på den kjærligheden.« Han stod et øjeblik forfærdet, huskede så hundre lignende samtaler og med lignende udfald, rystede på hodet, vendte ryggen til og gik.

Han æglede sig ind på husmændene, overfusede jenterne, bankede den store hund og skræmte næsten livet af en liden høne, som var kommet i ageren; men til hende sagde han intet.

Den kvæld var Marit så glad, da hun gik op for at lægge sig, at hun åbnede vinduet, lå i karmen, så ud og sang. Hun havde fåt en liden, fin kjærlighedsvise, den sang hun:

Holder du af mig,
holder jeg af dig
alle mine levedage;
sommeren var kort,
græsset blegner bort,
kommer med vor leg tilbage.

Hvad du sa' ifjor,
husker jeg iår,
sidder som en fugl i karmen, —
kakker på og slår,
synger lidt og spår
lykke under solevarmen.

Litli-litli-lu!
Hører du mig nu,
gutten bag ved birkehejen?
Ordene vil gå, —
mørket falder på, —
kanske kan du vise vejen!

Ægle sig ind ɔ: vælte sig ind.

Sjo-i, sjo-i, hys,
sang jeg om et kys? —
Nej, det gjorde jeg vist ikke.
Hørte du det, du?
Kom det ej ihu, —
jeg vil lade afbud skikke.

O, godnat, godnat!
Drømmen har mig fat,
den om dine milde øjne
og de tause ord,
som af krogen for, —
o, de vare så forfløjne!

Nu, jeg lukker til.
Er det mer, du vil?
Tonerne tilbage trille,
lokker mig og ler, —
vilde du mig mer?
Aftnen er så varm og stille.

———————

TOLVTE KAPITEL.

Nogle år er gåt hen siden siste optrin.

Det er ud på høsten, skolemesteren kommer gående
op til Nordistuen, lukker op den ydre dør, finder ingen
hjemme, lukker op en til, finder ingen hjemme, går
så stedse videre ind til det inderste kammer i den lange
bygning; der sidder Ole Nordistuen alene foran sengen og ser på sine hænder.

Skolemesteren hilser og hilses; han tar en krak
og sætter sig foran Ole. »Du har sendt bud på mig,«
siger han. — »Jeg har så.«

Skolemesteren bytter skrå, ser sig om i kammeret,

6*

tar en bog, som ligger på bænken og blader i den.
»Hvad var det, du vilde mig?« — »Jeg sidder just
og tænker på det.«

Skolemesteren gir sig god tid, leder frem sine bril-
ler for at læse bogens titel, tørrer dem og sætter dem
på. »Du blir gammel nu, Ole.« — »Ja, det var derom,
jeg vilde tale med dig. Det går bagover; jeg ligger
snart.« — »Da får du se til, at du kan ligge godt, Ole,«
— han lukker bogen og sidder og ser på vinduet.

»Det er en god bog, den, du der har imellem
hænderne.« — »Den er ikke ilde; — er du ofte kom-
men forbi permen, Ole?« — »Nu på det siste, så —«

Skolemesteren lægger bogen bort og gjemmer bril-
lerne. »Du har det nok ikke, som du vil, nu, Ole?«
— »Det har jeg ikke havt så langt tilbage, som jeg
kan mindes.« — »Ja, det var også længe slig med
mig. Jeg levede usams med en god ven og vilde, at
h a n skulde komme til m i g, og så længe var jeg
ulykkelig. Da fandt jeg på at gå til h a m, og siden
har det været bra.« — Ole ser op og tier.

Skolemesteren: »Hvorledes synes du, det går med
gården, Ole?« — »Bagover som med mig selv.« —
»Hvem skal ta den, når du går bort?« — »Det er
dette, jeg ikke ved; det er også dette, som graver
mig.« —

»Med naboerne dine går det godt nu, Ole.« —
»Ja, de har den agronomen til hjælp, de.«

Skolemesteren, mens han ligegyldig vender sig mod
vinduet: »Du skulde ha hjælp, du også, Ole. Stort
kan du ikke gå, og lidet kjender du af det nye stel.«
— Ole: »Der er nok ingen, som vil hjælpe mig.« —
»Har du b e d t om det?« Ole tier.

Skolemesteren: »Jeg havde det længe slig med vor-
herre, jeg. — Du er ikke god mod mig, du, sa' jeg til
ham. — Har du b e d t mig om det? spurte han. Nej,

Perm (pergament) ɔ: bind på en bog.

jeg havde ikke det; så bad jeg, og siden har det rigtig gåt godt.« — Ole tier, men nu tier også skolemesteren.

Endelig siger Ole: »Jeg har et barnebarn; hun ved, hvad som vilde glæde mig, før jeg bares bort, men hun gjør det ikke.« — Skolemesteren smiler: »Kanske det ikke vilde glæde hende.« Ole tier.

Skolemesteren: »Der er mange ting, som graver dig, men, så vidt jeg kan forstå, drejer de sig dog tilsist allesammen om gården.« — Ole siger stille: »Den har gåt gjennem mange ætled og er god i jorden. Alt det, far efter far har slidt sammen, ligger i den; men nu gror det ikke. Ej heller ved jeg, når de kjører mig bort, hvem som skal kjøre ind. Af ætten blir han ikke.« — »Hun, som er datterdatter, vil opholde ætten.« — »Men han, som tar hende, hvorledes vil han ta gården? Dette måtte jeg vide, før jeg lagde mig. Det har hast, Baard, både med mig og gården.« —

De tier begge; da siger skolemesteren: »Skal vi gå lidt ud og se på gården i det gode vejr?« — »Ja, lad os det; jeg har arbejdsfolk oppe i lien, de tar løv, men arbejder ikke, uden hver gang jeg ser på.« Han stolprer hen efter den store hue og stokken og siger imidlertid: »De liker nok ikke at arbejde hos mig; jeg forstår det ikke.« Da de vel var komne ud, og de bøjede om huset, stansede han. »Her, ser du? Ingen orden; veden slængt udover, øksen ikke hugget i stabben,« han bøjede sig med bryderi, løftede den og hug den fast. »Her ser du en fæld, som er faldt ned; men har nogen hængt den op?« han gjorde det selv. »Og her stabburet; mener du, trappen er taget bort?« han bar den til side. Da stansede han og så på skolemesteren og sagde: »Således hver eneste dag.« —

Som det gik opover, hørte de en munter sang fra

Fæld ɔ: skindtæppe.

lierne. »Nu, de synger til arbejdet,« sagde skolemesteren. — »Det er lille Knut Østistuen, som synger; han tar løv for sin far. Derborte arbejder m i n e folk; de synger nok ikke.« — »Det er ikke af bygdens viser, dette!« — »Nej, jeg hører det.« — »Øyvind Pladsen har været meget derborte i Østistuen; kanske det er af dem, han har ført til bygden; ti der følger megen sang med ham.« Herpå svaredes ikke.

Marken, de gik over, var ikke god; den savnede pleje. Skolemesteren bemærkede dette, og da stansede Ole. »Jeg har ikke magt til mere,« sagde han næsten rørt. »Fremmede arbejdsfolk uden tilsyn falder for kostbart. Men det er tungt at gå over slig mark, kan du tro.«

Da der blev tale fremover mellem dem om, hvor stor gården var, og hvad som mest trængte dyrkning, besluttede de at gå op i lien for at overse det hele. Da de langt om længe var nåd op til et højt sted og tog det i øjesyn, var den gamle bevæget: »Jeg vilde ret ikke gjærne gå fra den slig. Vi har arbejdet dernede, både jeg og mine forældre, men det vises ikke.« —

Da skar der en sang lige ned over deres hoder, men med den ejendommelige skarphed, som en guttestemme har, når den rigtig stormer på. De var ikke langt fra det træ, i hvis top lille Knut Østistuen sad og fældte løv for sin far, og de måtte lye på gutten.

> Når du vil på fjældesti
> og skal nisten snøre,
> læg så ikke mere i,
> end du let kan føre!
> Drag ej med dig dalens tvang
> i de grønne lider,
> skyl den i en frejdig sang
> ned ad fjældets sider!

Fugle hilse dig fra gren,
bygdesnakket viger,
luften bliver mere ren,
højere du stiger.
Fyld dit glade bryst og syng,
og små barneminder
nikke vil blandt busk og lyng
frem med røde kinder.

Stanser, lytter du engang,
vil du få at høre
ensomhedens store sang
bruse til dit øre.
Blot en fjældbæk risler kvikt,
blot en småsten ruller,
føres hid din glemte pligt
med en verdens bulder.

Bæv, men bed, du bange sjæl,
mellem dine minder!
Gak så frem: den bedre del
du på toppen finder.
Der som før går Jesus Krist
med Elias, Moses;
ser du dem, skal ganske vist
farten evig roses.

Ole havde sat sig ned og gjemt hodet i sine hænder. »Her vil jeg tale med dig,« sagde skolemesteren og satte sig ved siden.

*

Nede på Pladsen var Øyvind netop kommen hjem fra en længre rejse, skydsen var endnu for døren, da hesten hvilte. Skjønt Øyvind nu havde god fortjeneste som amtsagronom, bodde han endnu i sit lille kammer nede på Pladsen og hjalp til i hver mellemtid.

Pladsen var opdyrket fra ende til anden, men den var så liden, at Øyvind kaldte det hele dukkespillet til mor; ti det var især hende, der drev med jordbruget.

Han havde netop nu byttet, faderen var kommen ind fra møllen, hvid af mel, og havde også byttet. De stod just og snakkede om at gå lidt før kvældsmaden, da moderen kom ganske bleg ind: »Her går rart fremmedfolk til hus; kjære, se ud!« — Begge mænd til vinduet, og Øyvind var den, som først udbrød: »Det er skolemesteren og — ja, jeg tror det næsten; — jo vist er det ham!« — »Jo, det er gamle Ole Nordistuen,« sagde også Thore, idet han vendte sig fra vinduet for ikke at sees; ti de to var alt foran huset.

Øyvind fik et blik af skolemesteren, i det samme han forlod vinduet; Baard smilte og så tilbage på gamle Ole, der strævede i vej med stok og de små, korte skridt, hvortil et ben stadig løftedes højere end det andet. Udenfor hørtes skolemesteren at sige: »Han er nok nylig kommen hjem,« og Ole to gange at sige: »Nå-nå.«

De stod længe stille ude i gangen, moderen var krøben op til den krog, hvori mælkehylden stod, Øyvind havde sin yndlingsplads, nemlig ryggen lænet op til det store bord og ansigtet mod døren, faderen sad der ved siden af. Endelig bankede det på, og ind trådte da skolemesteren og strøg hatten af, siden Ole og strøg huen af, hvorefter han vendte sig mod døren for at lukke den; han var lang i vendingen, han var åbenbart undselig. Thore rejste sig, bad dem sidde indpå; de satte sig side om side på bænken foran vinduet, Thore satte sig ned igjen.

Men således som nu skal fortælles, gik frieriet til.

Skolemesteren: »Vi fik et vakkert vejr alligevel i høst.« — Thore: »det har laget sig nu på det siste.«

Lage sig ɔ: føje sig, bedre sig.

— »Han står nok ellers længe, siden han er sprungen
over på den kant.« — »Er I færdige med høstningen
deroppe?« — »Ikke det; Ole Nordistuen her, som du
kanske kjender, ønsker gjærne din hjælp, du Øyvind,
hvis ellers intet var i vejen.« — Øyvind: »Når den
blir begjært, skal jeg gjøre, hvad jeg kan.« — »Ja,
det var ikke så ganske for det snare, han mente. Det
går ikke frem med gården, synes han, og han tror,
det er den rette driftsmåde og tilsyn, som mangler.«
Øyvind: »Jeg er så lidet hjemme.« — Skolemesteren
ser på Ole. Denne føler, han nu må rykke i ilden,
rømmer sig et par gange og begynder fort og kort.
»Det var, det er — ja, — det er meningen, at du lige-
som skulde ha fast, ... at du skulde, ja, ligesom ha det
hjemme deroppe hos os, — være der, når du ikke var
ude.« — »Du skal ha mange tak for tilbudet, men
jeg vil gjærne bo, hvor jeg bor.« — Ole ser på skole-
mesteren, som siger: »Det går nok ligesom i bulder
for Ole idag. Sagen er, at han har været her en gang
før, og erindringen derom lægger ordene lidt i kors
for ham.« — Ole rask: »Således er det, ja; jeg for
galmandsfærd, jeg droges så længe med jentungen, til
træet flisede sig. Men glemt skal være gjemt; vind
bryder kornet ned, men ikke sno; regnbækken løser
ikke stor sten; sneen i maj blir ikke længe liggende;
det er ikke tordenen, som slår folk ihjel.« De ler alle
fire; skolemesteren siger: »Ole mener, at du skal ikke
huske dette længer, og heller ikke du, Thore.« Ole
ser på dem og ved ikke, om han tør begynde igjen.
Da siger Thore: »Klungeren tar i med mange tæn-
der, men river ikke sår. I mig sidder vist ingen tak-
ker igjen.« — Ole: »Jeg kjendte ikke gutten den gang.
Nu ser jeg, det gror, der han sår; høst svarer vår;
der sidder penger i fingerenderne på ham, og jeg vilde
gjærne ha fat i ham.« —

_____

Sno ɔ: koldt lufttræk. Klunger ɔ: hybentorn.

Øyvind ser på faderen, denne på moderen, hun fra dem på skolemesteren, og så alle på ham. »Ole mener, at han har en stor gård —« Ole afbryder: »Stor gård, men ilde brugt; jeg kan ikke mer, jeg er gammel, og benene går ikke hodets ærender. Men det kan lønne sig at ta i deroppe.« — »Den største gård i præstegjældet og vel så det,« falder skolemesteren ind. — »Den største gård i præstegjældet; det er netop ulykken; for stor sko falder af; det er bra, geværet er godt, men det må kunne løftes.« (Med rask vending mod Øyvind) »Du kunde kanske ta et tag i med, du?« — »Jeg skulde altså være gårdbestyrer?« — »Netop, ja; du skulde få gården.« — »Skulde jeg få gården?« — »Netop, ja; så skulde du styre den.« — »Men —« — »Vil du ikke?« — »Jo, naturligvis.« — »Ja, ja; så er det afgjort da, sa' hønen, hun fløj på vandet.« — »Men —« Ole ser forundret på skolemesteren. — »Øyvind spør nok, om han også skal få Marit?« — Ole fort: »Marit på kjøbet, Marit på kjøbet!« — Da slog Øyvind i en latter og hoppede ende op, efter ham lo alle tre, Øyvind gned hænderne, for frem og tilbage på gulvet og gjentog uophørlig: »Marit på kjøbet, Marit på kjøbet!« Thore lo med dybe klunk, moderen oppe i krogen med øjnene uafvendt på sønnen, til de fik tårer.

Ole meget spændt: »Hvad mener du om gården?« — »Ypperlig jord!« — »Ypperlig jord, ikke sandt?« — »Mageløs buhavn.« — »Mageløs buhavn! Det kan gå?« — »Det skal bli den beste gård i amtet!« — »Den beste gård i amtet! Tror du det? Mener du det?« — »Så sandt jeg står her!« — »Ja, er det ikke det, jeg har sagt!« De talte begge lige fort og passede hinanden som to hjul. — »Men penger, ser du, penger! Jeg har ingen penger.« — »Det går langsomt uden penger, men det går!« — »Det går! Ja

Buhavn ɔ: græsgang for kvæget.

vist går det! Men h a v d e vi penger, gik det fortere,
siger du?« — »Mange gange fortere.« — »Mange
gange? Vi skulde havt penger! Ja, ja; den kan også
tygge, som ikke har alle tænder; den kommer også
frem, som kjører med okser.«

Moderen stod og blinkede til Thore, der så kort,
men ofte på hende fra siden af, mens han sad og vug-
gede med overkroppen og strøg sine hænder ned over
knærne; skolemesteren plirede til ham, Thore havde
munden oppe, kræmtede lidt og forsøgte, men Ole og
Øyvind talte uafladeligt i munden på hverandre, lo og
støjede, så en ikke kunde få lyd.

»I får tie lidt; Thore har noget, han vil sige,«
falder skolemesteren ind; de stanser og ser på Thore.
Denne begynder endelig ganske sagte: »Det har været
slig på denne plads, at vi har havt en kværn; i den
siste tid har det været slig, at vi har havt to. Disse
kværne har altid givet en liden skilling mellem år og
dag; men hverken far min eller jeg har brugt af de
skillinger uden den gang, Øyvind var borte. Skole-
mesteren har styret med dem, og han siger, at de har
trivedes godt, der de stod; men nu er det best, Øyvind
får dem til Nordistuen.« Moderen stod borti krogen
og gjorde sig ganske liden, mens hun med tindrende
glæde betragtede Thore, som sad meget alvorlig og så
næsten dum ud; Ole Nordistuen sad over for ham
med gabende mund; Øyvind var den første, som kom
sig af forbauselsen, brød ud: »Er det ikke, som lyk-
ken følger mig?« gik dermed over gulvet til faderen,
slog ham på skulderen, så det sang. »Du far!« sagde
han, gned hænderne og gik videre.

»Hvor mange penger kan det være?« spurte ende-
lig Ole, men sagte, skolemesteren. — »Det er ikke så
lidet.« — »Nogle hundre?« — »Lidt til.« — »Lidt
til? Øyvind, lidt til! Gud bevare mig, for gård det
skal bli!« Han rejste sig og storlo.

»Jeg må følge med dig op til Marit,« siger

Øyvind; »vi bruger skydsen, som står udenfor, så
går det fort.« — »Ja, fort, fort! Vil du også ha al-
ting fort?« — »Ja, fort og galt.« — »Fort og galt!
Akkurat som da jeg var ung, akkurat!« — »Her er
huen og stokken; nu jager jeg dig!« — »Du jager
mig, ha, ha! men du følger, ikke sandt, du følger? Kom
I andre med; i kvæld må vi sidde sammen, så længe
der er glød i kullet; kom med!« — De lovede dette,
Øyvind hjalp ham i vognen, og de kjørte afsted op
til Nordistuen. Deroppe var ikke den store hunden
den eneste, som blev forundret, da Ole Nordistuen
kjørte ind på gården med Øyvind Pladsen. Mens
Øyvind hjalp ham ud af vognen, og tjenere og leje-
folk gabede på dem, kom Marit ud i gangen for at se,
hvad hunden gjødde så vedholdende på, men stansede
som fasttryllet, blev sprudende rød og løb ind. Gamle
Ole ropte imidlertid så forfærdelig på hende, da han
kom i stuen, at hun måtte møde frem igjen. »Gå hen
og fli dig, jente; her er han, som skal ha gården!«

»Er det sandt?« siger hun uden selv at vide af
det og så højt, at det klang. »Ja, det er sandt!« sva-
rer Øyvind og klapper i hænderne; dermed svinger
hun om på tåen, kaster det, hun har i hånden, langt
fra sig og løber ud; men Øyvind efter. —

Snart kom skolemesteren, Thore og konen; den
gamle havde fåt lys på bordet, dækket med hvid dug;
vin og øl bødes, og selv gik han bestandig omkring,
løftede benet endnu højere end sædvanligt, men dog
bestandig højre fod længre op end venstre.

*

Førend denne lille fortælling ender, kan meldes
om, at fem uger efter blev Øyvind og Marit viede i
sognets kirke. Skolemesteren styrede selv sangen den

Fli sig ɔ: pynte sig.

dag, da hans hjælpeklokker var syg. Han var brusten i målet nu, for han var gammel; men Øyvind syntes, det gjorde godt at høre ham. Og da han havde givet Marit hånden og ført hende op til alteret, nikkede skolemesteren mod ham fra koret, akkurat som Øyvind havde set det, da han sørgmodig sad ved hin dans; han nikkede igjen, mens tårerne vilde op.

Hine tårer ved dansen var indgangen til disse her, og imellem dem lå hans tro og hans arbejde.

Her ender fortællingen om en glad gut.

BJØRNSTJERNE BJØRNSON:

FORTÆLLINGER. I—II. 6te Udgave. 4 Kr., indb. 6 Kr. 40 Øre.
HALTE-HULDA. Drama. 3die Oplag. 1 Kr. 75 Øre, indb. 3 Kr.
MELLEM SLAGENE. Skuespil. 5te Oplag. 1 Kr., indb. 2 Kr.
SIGURD SLEMBE. 5te Oplag. 4 Kr., indb. 5 Kr. 75 Øre.
DE NY-GIFTE. Skuespil. 11te Oplag. 1 Kr. 25 Øre, indb. 2 Kr. 25 Øre.
MARIA STUART I SKOTLAND. 6te Udgave. 2 Kr., indb. 3 Kr. 25 Øre.
DIGTE OG SANGE. 4de Udgave. 3 Kr., indb. 4 Kr. 50 Øre.
ARNLJOT GELLINE. 6te Oplag. 1 Kr. 75 Øre, indb. 3 Kr.
SIGURD JORSALFAR. Skuespil. 2det Oplag. 1 Kr., indb. 2 Kr.
BRUDE-SLAATTEN. Med 4 Billeder af *A. Tidemand.* 2det Oplag.
  2 Kr., indb. 4 Kr.
REDAKTØREN. Skuespil i fire Handlinger. 1 Kr. 50 Øre, indb.
  2 Kr. 75 Øre.
EN FALLIT. Skuespil i fire Handlinger. 4de Oplag. 2 Kr. 50 Øre,
  indb. 3 Kr. 75 Øre.
KONGEN. Skuespil. 3die Oplag. 3 Kr., indb. 4 Kr. 35 Øre.
MAGNHILD. 2det Oplag. 2 Kr., indb. 3 Kr. 25 Øre.
KAPTEJN MANSANA. En Fortælling fra Italien. 2det Oplag. 1 Kr.,
  indb. 2 Kr.
LEONARDA. Skuespil i fire Handlinger. 2det Oplag. 1 Kr. 25 Øre,
  indb. 2 Kr. 50 Øre.
DET NY SYSTEM. Skuespil i fem Handlinger. 2den Udgave.
  2 Kr. 75 Øre, indb. 4 Kr.
EN HANSKE. Skuespil. 2det Oplag. 1 Kr. 50 Øre, indb. 2 Kr. 75 Øre.
OVER ÆVNE. Første Stykke. 3die Oplag. 1 Kr. 25 Øre, indb.
  2 Kr. 50 Øre.
OVER ÆVNE. Andet Stykke. 3die Oplag. 2 Kr. 50 Øre, indb.
  3 Kr. 75 Øre.
DET FLAGER I BYEN OG PÅ HAVNEN. 3die Oplag. 6 Kr., indb.
  7 Kr. 75 Øre.
GEOGRAFI OG KÆRLIGHED. 2den Udgave. 2 Kr. 25 Øre, indb.
  3 Kr. 50 Øre.
PÅ GUDS VEJE. Fortælling. 3die Oplag. 5 Kr., indb. 6 Kr. 50 Øre.
NYE FORTÆLLINGER. Med Musik-Tillæg af *Johan Selmer.* 2det
  Oplag. 3 Kr. 75 Øre, indb. 5 Kr. 25 Øre.
LYSET. En Universitets-Kantate. 75 Øre.
PAUL LANGE OG TORA PARSBERG. Skuespil. 3die Oplag.
  3 Kr. 50 Øre, indb. 5 Kr.
TO FORTÆLLINGER. (STØV. — IVAR BYE). 1 Kr., indb. 2 Kr.
LABOREMUS. Skuespil. 2 Kr. 75 Øre, indb. 4 Kr. 25 Øre.
PÅ STORHOVE. Drama. 3 Kr. 75 Øre, indb. 5 Kr. 25 Øre.
SYNNØVE SOLBAKKEN. 8de Oplag. 75 Øre, indb. 1 Kr. 35 Øre.
ARNE. 7de Oplag. 1 Kr. 25 Øre, indb. 2 Kr. 50 Øre.
FISKERJENTEN. 9de Oplag. 1 Kr. 75 Øre, indb. 3 Kr.
BRUDE-SLAATTEN. 6te Oplag. 75 Øre, indb. 1 Kr. 75 Øre.

CPSIA information can be obtained at www.ICGtesting.com
Printed in the USA
LVOW02s0255110114

368935LV00007B/618/P